国家级职业教育规划教材

人力资源和社会保障部职业能力建设司推荐

高等职业技术院校物流管理专业教材

物流基础

人力资源和社会保障部教材办公室 组织编写

主编 杜学森

中国劳动社会保障出版社

图书在版编目(CIP)数据

物流基础/杜学森主编. —北京：中国劳动社会保障出版社，2011
高等职业技术院校物流管理专业教材
ISBN 978-7-5045-9443-3

Ⅰ.①物… Ⅱ.①杜… Ⅲ.①物流-教材 Ⅳ.①F252

中国版本图书馆 CIP 数据核字(2011)第 279681 号

中国劳动社会保障出版社出版发行
（北京市惠新东街 1 号 邮政编码：100029）
出 版 人：张梦欣
*
北京隆昌伟业印刷有限公司印刷装订 新华书店经销
787 毫米×1092 毫米 16 开本 8.25 印张 191 千字
2012 年 2 月第 1 版 2021 年 1 月第 6 次印刷
定价：15.00 元
读者服务部电话：（010）64929211/84209101/64921644
营销中心电话：（010）64962347
出版社网址：http://www.class.com.cn
http://zyjy.class.com.cn

前　言

近几年，随着国民经济的飞速发展，我国物流行业进入了一个新的发展阶段，物流企业的运营方式、业务流程、技术手段、服务质量等不断向标准化、专业化、规模化、社会化、信息化的方向发展。为了适应物流行业的发展，培养更加符合企业需求的专业技能人才，我们组织一批教学经验丰富、实践能力强的教师与行业、企业的专家，在认真分析物流企业岗位需求和完善课程教学方案的基础上，编写了一套新的物流管理专业教材。与2006版教材相比，新版教材体系更加完善并采用了理实一体化的编写思路。目前，两套教材可较好地满足高等职业技术院校不同的教学需求，各校可根据自身的教学条件、课程设置等进行选择。

本套教材共计15种，分别为《物流基础》《物流法律法规》《物流经济地理》《物流信息技术应用》《物流设施与设备》《物流仓储业务与管理》《物流配送业务与管理》《物流仓储与配送实务》《物流运输业务与管理》《物流采购业务与管理》《物流客户服务与管理》《物流成本管理》《物流市场营销》《国际货运代理》和《报检与报关》，其中《物流仓储与配送实务》教材是为了满足部分院校将仓储、配送两门课程合并教学的需要而开发的。

在教材组织编写工作中，我们坚持了以下原则：

第一，突出职业特色，从职业岗位分析入手，合理构建教材的知识和技能结构，注重对学生实践能力的培养，提高教材的针对性和适用性。

第二，突出行业特色，根据物流行业的发展现状，尽可能多地在教材中体现新知识、新技术和新方法，提高教材的先进性，使教材具有鲜明的时代特征。

第三，突出职业资格证书与学历证书并重的精神，力求使教材内容涵盖助理物流师国家职业标准的相关要求。

第四，突出可接受性，在教材编写方面，力求文字表达通俗易懂，并尽量采用以图代文、以表代文的表现形式，激发学生的学习兴趣。

在本套教材的编写过程中，有关省市教育部门、人力资源和社会保障部门以及一批高等职业技术院校给予我们有力的支持，教材的主编、参编、主审等有关人员做了大量的工作，在此，我们表示衷心的感谢！同时，恳切希望用书单位和广大读者对教材提出宝贵的意见和建议，以便修订时加以完善。

人力资源和社会保障部教材办公室

2012年2月

简 介

本书为国家级职业教育规划教材，由人力资源和社会保障部职业能力建设司推荐。

本书根据高等职业技术院校物流管理专业的教学实际，由人力资源和社会保障部教材办公室组织编写。本书主要内容包括：认识物流、物流的功能、物流组织与管理、企业物流活动、国际物流活动、现代物流外包服务、供应链物流管理等。

本书由杜学森主编，郝冰副主编。

目　录

第一章

认识物流

第一节　物流活动及其内涵

一、物流的基本概念

1. 物流活动

在人们的日常工作和生活中普遍存在着物的流动现象。在港口，如图1—1—1所示，工人们正在利用装载机械把出口物品装上船只；在工厂，刚运来的原材料正从汽车上卸下来被堆放到仓库里；流水线上的产品正按工艺顺序进行加工；在商店，售货员正在包装顾客购买的商品；在居民区，搬家公司正在搬运着家具，送水公司把罐装水送到住户……这些都是物流现象。

图1—1—1　港口物品装船

2. 流通、商流与物流

现代社会经济活动是一个庞大、复杂的系统，主要由生产、流通、消费三大活动所组成。

在现代社会，流通具有极其重要的地位。随着社会产品数量和品种的增多，如何将众多的产品及时送到用户手中，这对流通领域提出了越来越高的要求；没有现代化的流通，国民经济的现代化就是一句空话。

流通过程要解决两方面的问题：一是产成品从生产者所有转变为用户所有，解决所有权的转移问题；二是要解决对象物从生产地转移到使用地，以实现其使用价值的问题，即实现物的流转过程。前者称为商流，后者称为物流。两方面结合才能有效地实现商品由供方向需方的转移过程。商流和物流关系密切，相辅相成。

商流是对象物所有权转移的活动。商品通过交易活动由供应方按价值规律转让给需求方。因此，商流活动一般称为贸易或交易。商流的研究内容是商品交换的全过程，具体包括市场需求预测、计划分配与供应、货源组织、订货、采购调拨、销售等。

物流是指实物从供应方向需求方的转移，这种转移既要通过运输来解决空间位置的变化，又要通过储存来调节双方在时间节奏方面的差别。

当然，实现流通过程离不开信息的流动和资金的流动。因此，现代流通过程应是商流、物流、信息流和资金流的统一。

想一想

从超市的货架上随手取下一瓶洗发水，你能想到这瓶洗发水从原材料的购置到在流水线上生产，一直到你购买为止，中间经过了多少物流环节？假如一瓶洗发水价格是40元，有可能它的生产成本却只有几元钱。为什么会出现这种情况？

3. 物流的含义

国内外对物流概念的表述是多种多样的。《中华人民共和国国家标准物流术语》的定义是：物流是“物品从供应地向接收地的实体流动过程。根据实际需要，将运输、储存、装卸、搬运、包装、流通加工、配送、回收、信息处理等基本功能实施有机结合”。

物流的内涵需要从以下几个方面进行把握：

（1）物流的基本要素。物流最基本的构成要素是流体、载体、流向、流量、流程和流速。

1）流体。流体即物流中的“物”，也就是物质实体。物流管理工作的任务之一就是要保护好流体，使其物理、化学、生物等属性不受损坏，因而需要对流体进行检验、养护，合理安排运输、保管、装卸等物流作业。

2）载体。载体即流体借以流动的设施和设备。分为两类：第一类载体指基础设施。如公路、铁路、水路、港口、车站、机场等，它们大多是固定的；第二类载体指设备。即以第一类载体为基础，直接承载并运送流体的设备，如车辆、船舶、飞机、装卸搬运设备等，它们大多是可以移动的。物流载体的状态，尤其是第一类载体即物流基础设施的状况，直接决定物流的质量、效率和效益。

3）流向。流向即流体从起点到终点的流动方向。市场流向反映了产销之间的必然联系，是自然流向。实际发生物流时还需要根据具体情况来确定运输路线和调运方案，这才是最终确定的流向，这种流向是实际流向。在确定物流流向时，理想的状况是商品的自然流向与商品的实际流向相一致。

4）流量。流量即通过载体的流体在一定流向上的数量表现。从物流管理的角度来看，理想状况的物流应该是在所有流向上的流量都均匀分布。这样，物流资源利用率最高，组织管理最容易。

5）流程。流程即通过载体的流体在一定流向上行驶路径的数量表现。流程可以分为理论流程与实际流程。理论流程往往是可行路径中的最短路径，路径越长，物流运输成本越高。要降低运输成本，一般应设法缩短运输里程，即流程。

6）流速。流速即通过载体的流体在一定流程上的速度表现。流速与流向、流量、流程一起构成了物流向量的四个数字特征，是衡量物流效率和效益的重要指标。一般来说，流速快，物流时间短，意味着物流成本的减少，物流价值的提高。

物流的上述六要素间有极强的内在联系。进行物流活动要注意处理好这六要素之间的关系；否则，就会使物流成本升高、服务恶化、效率下降、效益减少。

（2）物流的功能要素。物流功能要素包括运输、储存、装卸搬运、包装、流通加工、配送、物流信息。物流的功能要素相互作用、相互联系，构成了物流系统结构内容。

1）运输。运输是指用设备和工具，将物品从一地点向另一地点运送的物流活动。其中包括集货、分配、搬运、中转、卸下、分散等一系列操作。运输的任务是将产品进行空间移动。它不改变产品的实物形态，也不增加产品的数量，但它解决了产品在生产地点和需要地点之间的空间距离问题。运输是物流的中心环节之一，也是物流的主要功能要素之一。运输再配以搬运、配送等活动，就能圆满完成改变产品空间状态的全部任务。

2）储存。储存也称保管，包括物品的堆存、管理、保养、维护等活动，如图 1—1—2 所示。在任何社会形态中，对于不论什么原因形成停滞的物资，也不论是什么种类的物品，在没有生产加工、消费、运输等活动之前或在这些活动之后，总是要存放起来，即储存。储存的目的是克服产品生产与消费在时间上的差异，从而更好地发挥物品的效用。

图 1—1—2　仓库储存

3）装卸搬运。装卸搬运是随输送和保管而产生的必要物流活动，如图 1—1—3 所示。它是对运输、保管、包装、流通加工等物流活动进行衔接的中间环节，包括装车（船）、卸车（船）、堆垛、入库、出库以及连接以上各项运作的短程搬运。在实际操作中，装卸与搬运是密不可分的，两者是伴随在一起的。装卸是将物品在指定地点以人力或机械装备装入运输设备或卸下。搬运是指在同一场所，以对物品进行水平移动为主的物流作业。在物流活动的全过程中，装卸搬运效率对物流整体效率影响很大。同时，装卸搬运活动是频繁发生的，因而也是造成物品损坏的重要原因之一。

图 1—1—3　装卸搬运

4）包装。包装是指为了在流通过程中保护商品、方便储运、促进销售，按一定技术要求而采用的容器、材料及辅助物等的总称；也指为了达到上述目的而利用容器、材料和辅助物并采用一定技术要求进行的操作活动。

5）流通加工。流通加工是指物品从生产地到使用地的过程中，根据需要进行包装、分割、计量、分拣、印标志、拴标签、组装等简单作业的总称。它是物流过程中不可缺少的一个环节，是流通过程中辅助性的加工活动，如图 1—1—4 所示为一条流通加工生产线。

图 1—1—4　流通加工生产线

6）配送。配送是在经济合理区域范围内，根据客户要求，对物品进行拣选、加工、包装、分割、组配等作业，并按时送达指定地点的物流活动。配送是物流中一种特殊的、综合的活动形式，是商流与物流的紧密结合，包含了物流中若干功能要素的一种物流活动。从物流角度来说，配送几乎包含了所有的物流功能要素，是物流在小范围内全部活动的体现。一般来说，配送集装卸搬运、包装、保管、运输于一身，通过这一系列活动完成将物品送达客户手中的任务。

7）物流信息。物流信息是指反映物流各种活动的资料（图像、数据、文件等）的总称。物流从一般活动成为系统活动依赖于信息的作用，如果没有信息，物流则是一个单向的活动。只有靠信息的反馈作用，物流才会有反馈作用，包括了输入、转换、输出和反馈四大要素的现代系统。物流信息是现代物流区别于传统物流的关键所在。随着商品经济的发展，现代物流业务要面对变化万千的市场信息，这其中包括许多的供、需方客户，他们的供应或需求资料要进行配套对接，品种繁多的存货的识别与动态反映，对出发到天南海北的运输车辆的跟踪调拨等，这些都需要通过运用物流信息手段进行处理，也是前述各种功能要素能够发挥作用的必要前提。现代物流通过信息功能，实现了对供应商、批发商、零售商各类企业信息的连接，从而使现代物流管理成为一种“供应链管理”。

4. 物流管理的目标

物流管理目标可以概括为“7R”：合适的产品或服务（Right Product or Service)、合适的时间（Right Time)、合适的地点（Right Place)、合适的数量（Right Quantity)、合适的质量（Right Quality)、合适的成本（Right Cost)、（交付到）合适的顾客（Right Customer)。

二、物流分类（见表 1—1—1）

表 1—1—1　物流分类

分类依据	分类	含义
按物流活动中的运行角度	宏观物流	社会再生产总体的物流活动，从社会再生产总体角度认识和研究物流活动
	微观物流	消费者、生产企业所从事的实际的、具体的物流活动
按物流的服务对象	社会物流	超越一家一户的以一个社会为范畴、以面向社会为目的的物流
	企业物流	从企业角度研究与之有关的物流活动，是具体的、微观的物流活动的典型领域
按物流活动空间	地区物流	按行政区域划分、或按经济圈划分、或按地理位置划分的物流活动
	国内物流	一个国家范围内的物流活动
	国际物流	跨越国界的物流活动
按物流活动的运作主体	第一方物流	由卖方、生产者或供应方组织的物流
	第二方物流	由买方、需求者组织的物流
	第三方物流	由供方和需方之外的第三方去完成的物流活动
	第四方物流	物流服务提供者是一个供应链的集成商，它对公司内部和具有互补性的服务提供者所拥有的不同资源、能力和技术进行整合和管理，提供一整套供应链解决方案
按物流所使用的技术方法分	一般物流	具有共性和一般性的物流活动
	特殊物流	专门范围、专门领域、特殊行业，在遵循一般物流规律的基础上带有特殊制约因素、特殊应用领域、特殊管理方法、特殊劳动对象以及特殊技术装备的物流活动

三、现代物流及其特征

1. 现代物流的概念

现代物流是指应用计算机技术、信息网络技术整合运输、包装、装卸、搬运、分拨、发货、仓储、流通加工、配送、回收加工及物流信息处理等各种功能而形成的综合性物流活动模式。

2. 现代物流的特征

（1）信息化。物流信息化表现为物流信息的商品化、物流信息收集的数据库化和代码化、物流信息处理的电子化和计算机化、物流信息传递的标准化和实时化。因此，条码技术、数据库技术、电子订货系统、电子数据交换、快速反应及有效客户反应、企业资源计划等技术得到普遍应用。信息化特征使电子商务技术和现代化的信息处理技术得以发展，这使得传统的物流业发生了实质性的革命。

（2）自动化。自动化就是利用先进的自动化设施实现无人操作，如自动识别、自动分拣、自动存取等。自动化特征为智能技术、计算机控制技术、传感技术等创造了良好的应用空间。

（3）网络化。网络化表现为两个方面：一是物流实体网络。通过内部的组织网络，实现物资的有效配送；二是物流系统的计算机通信网络。打造物流信息化平台，实现物流信息的采集、传递、分析、运用的快速反应。网络是物流的神经系统。实体网络与虚拟网络的“无缝链接”是物流行业的发展方向。

（4）智能化。在物流运作过程中，物流筹划、决策支持、预测控制等都需要大量的知识才能解决。这要求掌握现代科技知识和管理知识的专业化、复合型人才能够投身到这一领域中来。

（5）柔性化。这是一种“以顾客为中心”理念的体现，即根据消费者需求的变化来调节生产，安排物流活动。

四、物流的效用与价值

1. 物流的效用

（1）物流时间效用。时间效用表现为通过物流的各个活动克服商品生产和消费时间上的不一致，即消除“物”在供给者到需求者之间存在的时间差。主要通过缩短时间、改变时间差等形式，利用储存、保管等活动实现其时间价值。

（2）物流空间效用。表现为通过物流的各个活动克服商品生产和消费地理空间上的分离，即消除“物”在供给者到需求者之间存在的空间差。主要通过利用从集中生产场所流入分散需求场所，从分散生产场所流入集中需求场所，从甲地生产流入乙地需求场所等形式，利用运输配送实现其空间价值。

（3）物流的形质效用。物流本身不能产生形质效用，其形质效用是通过形状及性质改变，即加工、包装等而产生。

2. 物流价值

（1）系统功能价值。物流系统功能的核心和本质是通过整合和优化，实现运输、储存、配送等环节整体优化，达到物流总服务水平最佳化、物流成本水平最低化。

（2）物流利润价值。企业采用物流技术和物流管理方式之后，能够有效地增强企业活力，提高企业的效率和效益，从而增加企业的利润。物流成为“第三利润源”。

（3）物流成本价值。企业和经济界利用物流系统技术和物流管理方式，弥补原材料、能源、人力资本上扬的压力，物流领域有非常大的成本空间。

（4）物流环境价值。通过物流系统优化，降低环境污染，减少交通阻塞，改善社会生态环境。

（5）企业发展战略价值。物流发展使企业从短期的当前利益的视野转向了长期的、战略性发展的考虑，在物流领域出现了共同配送方式、准时供应系统、零库存系统等，这些新的物流系统都成功地使企业获得了更长远的战略发展能力。

（6）国民经济价值。物流作为一个产业在国民经济中具有非常重要的地位，能够起到优化经济结构、提高国民经济总体质量和抵御危机的作用。

（7）新经济价值。电子商务作为一种综合技术，挑战传统的面对面交易方式，给各国和世界经济带来巨大的变革并产生深远的影响，尤其是物联网的发展，更加使人们发现了物流对新经济的价值所在。

【案例】

京东商城自建物流仓储体系提升供应链价值

京东商城是中国B2C市场较大的3C网上购物专业平台，自成立以来，它以惊人的发展速度让业界大为感叹，并在短时间内积累了广泛的顾客群体和良好的口碑。业内人士一致认为，配送及售后服务一直是电子商务发展的“瓶颈”所在，而京东商城持续高速的发展正是得益于其在配送及售后等方面的主动提升。在华北、华东、华南、西南建立了四大覆盖全国各大城市的物流中心；在天津、苏州、杭州、南京、深圳、宁波、无锡、济南、武汉、厦门等40余座重点城市建立了配送站。2010年12月15日，京东商城宣布在武汉买地建物流中心，并推出了“211限时达”配送服务，即每天11点前下订单，下午送达；23点前下订单，次日上午送达。这样的物流配送服务在电子商务企业中还没有第二家能承诺，这正是因为京东商城背后有强大的物流系统作为支撑。京东商城自建的物流体系不仅为用户提供了更好的服务，更重要的是缩短了供应链流程，大大缩减了运营成本。商品从厂商生产基地到京东库房，再到配送站，最后送达客户，只经过三个环节，而且没有店面，成本降低，用户也得到了更大的实惠。以“满足用户对电子商务的需求”为根本的物流体系，为用户提供优质的配送服务，已成为京东商城的一大竞争力。

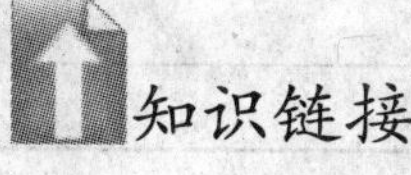

知识链接

几个新兴的物流概念

1. 绿色物流

绿色物流是指在物流过程中抑制物流对环境造成危害的同时，实现对物流环境的净化，使物流资源得到最充分利用。环境资源恶化程度的加剧，对人类生存和发展的威胁越来越大，从而迫使人们对环境的利用和对环境的保护越来越重视。现代物流的发展必须优先考虑环境问题，需要从环境角度对物流体系进行改进，即需要形成一个环境共生型的物流管理系统。绿色物流强调全局和长远的利益，强调全方位对环境的关注，体现了现代物流的发展趋势。

2. 虚拟物流

虚拟物流是以计算机网络技术进行物流运作与管理，实现企业间物流资源共享和优化配置的物流方式。虚拟物流的概念可以应用于许多方面，如制造企业与物流企业之间的虚拟物流联盟及中小型物流企业构筑虚拟物流的合作模式，共同完成物流业务。

3. 应急物流

应急物流是指为应对严重自然灾害、突发性公共卫生事件、公共安全事件及军事冲突等突发事件而对物资、人员、资金的需求进行紧急保障的一种特殊物流活动。现在，无论是“9.11”事件、SARS和“禽流感”、“5.12汶川大地震”等突发事件，还是由于企业决策失误、信息传递失误以及不可抗力等因素造成的紧急状况等，都对应急物流提出了更高的要求。

4. 逆向物流

逆向物流是指从供应链下游向上游的运动所引发的物流活动。其主要包含产品退回、物料替代、物品再利用、废物处理与再处理、维修与再制造等流程的物流活动。

思考与练习

1. 物流的类型主要有哪些？
2. 物流的功能要素主要有哪些？
3. 现代物流具有哪些特征？
4. 物流业务分析训练：

请分析搬家业务的物流活动及其具体内容与工作要求，并填写表1—1—2所要求的内容。

表1—1—2　　搬家公司管理业务分析

管理活动	具体内容	工作要求
1.		
2.		
3.		
4.		

第二节　企业物流

一、企业物流的含义

按照《中华人民共和国国家标准物流术语》，“企业物流是货主企业在经营活动中所发生的物流活动”。企业物流是一种围绕企业生产与经营活动的物流，是具体的、微观物流活动的典型领域。企业经营活动的基本结构是投入—转换—产出。对于生产类型的企业来讲，是原材料、燃料、人力、资本等的投入，经过制造加工使之转换为产品；对于服务型企业来讲，则是设备、人力、管理和运营的投入，转换为对用户的服务。物流活动便是伴随着企业的投入—转换—产出而发生的。相对于投入这一环节的是供应物流或输入物流，相对于转换环节的是生产物流或转换物流，相对于产出的是销售物流或输出物流。

二、企业物流的类型

企业物流按业务内容性质可分为生产企业物流、流通企业物流和物流企业物流。

1. 生产企业物流

生产企业物流是以购进生产所需要的原材料、设备为始点，经过劳动加工形成新的产品，然后供应给社会需要部门为止的全过程。经过原材料及设备采购供应阶段、生产阶段、销售阶段，便产生了生产企业的三段物流形式。其结构如图 1—2—1 所示。

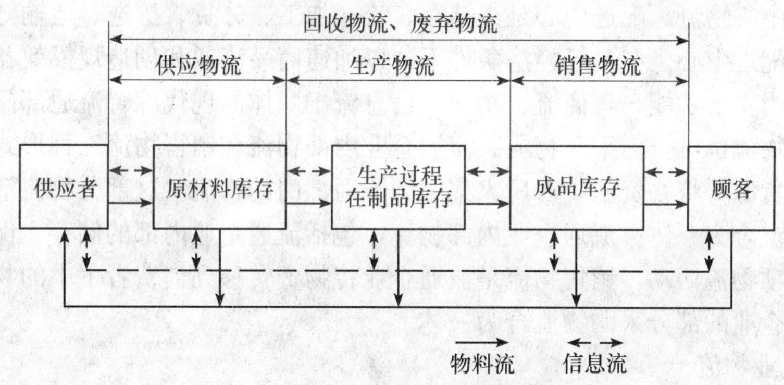

图 1—2—1　生产企业物流结构

(1) 供应物流。包括原材料（原料、辅料、动力燃料、外协件）的采购订货、进货运输、库存管理和用料管理等活动。

(2) 销售物流。包括成品的存储与库存管理、发货运输，以及订货处理、顾客服务等活动。

(3) 生产物流。生产物流是指生产企业从原材料购进入库起，直到成品库的成品发送为止的物流过程。生产物流与生产流程同步，它是指原材料、半成品等按照工艺流程在各个加工点之间不停顿地移动、流转而形成的物流。

(4) 回收物流。回收物流是指在生产和流通活动中对一些产品或资源进行回收并加以利用的过程。如作为包装容器的纸箱、塑料、酒瓶等，建筑行业的脚手架也属于这一类物资。回收物流也包括杂物的回收分类和再加工。例如，旧报纸、书籍可以通过回收、分类再制成纸浆加以利用；金属的废弃物，由于其良好的再生性，可以回收重新熔炼成为有用的原材料。

(5) 废弃物流。废弃物流是指对生产和流通系统中所产生的无用废弃物的处理过程的物流。废弃物流虽然没有直接的经济效益，但具有不可忽视的社会效益。如炼钢生产中的钢渣、工业废水以及其他一些生产垃圾等，如果不妥善处理会造成环境污染，就地堆放也会占用生产用地，妨碍生产，因此，必须对这类废弃物进行回收处理，再予以利用。

2. 流通企业物流

（1）批发企业物流。批发企业物流是指以批发点为核心，由批发经营活动所派生的物流活动。这一物流活动对于批发的投入是组织大量物流对象的运入，产出是组织总量相同的物流对象的运出。在批发点中的转换是包装形态及包装批量的转换。

（2）零售企业物流。零售企业物流是以零售商店为核心，以实现零售销售为主体的物流活动。零售企业的类型有一般多品种零售企业、连锁零售企业、直销企业等。其中，一般零售企业物流，大件商品多采用送货和售后服务，大部分小件商品则是用户自己完成。连锁型零售企业物流一般集中进行供货，且大多数企业由本企业的配送中心完成。

（3）仓储企业物流。仓储企业是以储存业务为主要盈利手段的企业。仓储企业物流是以接运、入库、保管保养、发运或运输为流动过程的物流活动，其中，储存保管是其主要的物流功能。

（4）配送中心物流。配送中心是集储存、流通加工、分货、拣选、运输等为一体的综合性物流过程。配送中心是在市场经济条件下，以加速商品流通和创造规模效益为核心，以商品代理和配送为主要功能，集商流、物流、信息流于一体的现代综合流通部门。

流通企业物流也可分为采购物流、流通企业内部物流和销售物流三种形式。采购物流是流通企业组织货源，将物资从生产厂家集中到流通部门的物流。这部分物流活动与生产企业的部分销售物流合为一体。流通企业内部物流，包括流通企业内部的储存、保管、装卸、运送、加工等各项物流活动。销售物流是流通企业将物资转移到消费者手中的物流活动。这部分物流与生产企业的部分采购物流合为一体。

3. 物流企业物流

物流企业物流也就是第三方物流，一般由运输系统、仓储系统、信息系统等组成。第三方物流也称为契约物流或物流联盟，是从生产到销售的整个物流过程中进行服务的第三方，它本身不拥有商品，而是通过签订合作协定或结成合作联盟，在特定的时间段内按照特定的价格向客户提供个性化的物流代理服务。此外，还有第四方物流。

三、企业物流合理化

1. 企业物流合理化的含义

企业物流合理化是指根据企业物流系统中的各种职能因素的相互联系、相互制约、相互影响的关系，把物流中的运输、保管、包装、装卸搬运、流通加工、配送以及物流信息等功能要素作为一个系统来研究、规划、组织与管理，使整个物流过程最优化，实现以尽可能低的成本和满足顾客需求的目标。企业物流合理化涉及多方面的内容，如各种设备、设施在生产空间的合理布局，以减少物流量；合理控制库存，以减少资金占用等。

2. 企业物流合理化的原则

（1）企业物流成本最低原则

1）距离最短原则。运输与装卸搬运只能增加产品成本，而不会增加产品价值。因此，在条件允许的情况下，应使物料流动距离最短，以减少运输与装卸搬运量。为做到这一点，在进行物流系统规划和设计时，应将彼此之间物流量大的设施与设备布置得近一些，而物流量小的设施与设备可以布置得远一些；尽量避免迂回和倒流现象。

2）搬运效率原则。物料装卸搬运不仅要有科学的设备、容器和工具，还要有科学的操作方法，使装卸搬运作业尽量简化，环节尽量减少，提高物流系统的可靠性。物流过程中使用的各种托盘、料箱、料架等器具，要符合集装单元和标准化搬运原则，以提高装卸搬运效率、提高物料活性指数、提高装卸搬运质量、提高物流系统机械化和自动化水平。在物流系统中，使用重力方式进行物料搬运是最经济的方法。还可利用高度差，采用滑板、滑道等方法，使物料进行移动。

3）在制品库存最小原则。在制品是企业生产过程中是必然存在的，但又是一种“浪费”，应通过生产计划、管理模式、设备改造、设备规划等合适的手段，使其库存降低到最低限度。

（2）企业物流整体优化原则。企业物流整体优化是将物流提高到企业战略的地位，对从原材料采购与运输到产成品分销与配送的所有物流活动及相关信息进行系统的管理，通过整合物流各环节的资源和作业，集成各阶段的物流运作、物流信息和物流职能；从总成本、总效用的角度寻找两者交替损益的最佳结合点，以达到降低物流成本、缩短交付时间、提高服务水平、增强企业竞争能力和盈利能力的目的。具体要求如下：

1）整体最优。企业物流整体优化要求运用系统论的整体最优思想，将采购物流、生产物流和销售物流等整个物流活动综合考虑，实现企业物流整体最优化。

2）顾客满意。企业物流整体优化要求以顾客满意为首要目标，寻求在既定的物流成本下不断提高顾客服务水平，并寻找服务水平和成本之间的平衡点，更注重顾客对物流服务的满意度和由此带来的增值部分。

3）快速反应。企业物流整体优化要求从价值链的角度将物流看做是同生产、销售一样的满足顾客需求的主体活动，强调在需求信息的驱动下，采购、生产和销售同步化、并行化运作。同时，物流系统快速组织生产资源，实行准时采购和准时生产，并把产品以最快的速度送到顾客手中，从而大大提高市场响应速度。

4）增强企业竞争力和盈利能力。企业物流整体优化要求关注管理层和战略层面，将物流与企业的核心竞争力和盈利能力结合起来，以求提高企业的经济效益和市场竞争能力。

（3）环境适应原则。随着生产力的高速发展、产品的日益丰富以及个性化需求时代的到来，企业的生产组织将向小批量、多品种的生产方式转化。因此，物流系统应柔性化，以适应产品的不断调整和变动。物流系统的规划、设计和改造，应符合可持续发展战略思想和绿色制造的要求，与其他系统（如自然、人文等）相互协调，绝不为追求物流系统的功能与效益而破坏环境。

四、物流服务

服务是指满足顾客的需要，供方和顾客之间接触的活动以及供方内部活动所产生的结果。服务包括供方为顾客提供人员劳务活动完成的结果、供方为顾客提供通过人员对实物付出劳务活动完成的结果、供方为顾客提供实物实用活动完成的结果。

物流服务是指为满足客户需求所实施的一系列物流活动产生的结果。随着现代物流的发展，物流服务的内涵和外延都得到了发展。物流服务的分类见表1—2—1。

表 1—2—1　　物流服务的分类

物流服务	常规服务	仓储服务：接运入库、货物存放、货物保管、货物管理与控制、货物检验、转让过户
		运输服务：门到门运输、多式联运、整车/包机运输、集装箱运输、散货运输、零担运输、直达运输、中转运输、联合运输
		配送服务：店内直送、分拨中心、集拼服务、组配货服务
		装卸搬运服务：码垛堆垛、集中装卸、单件装卸、搬运服务
		包装服务：组合拼配、加固捆扎、更换包装
		流通加工服务：粘贴标签、制作并粘贴条码、辅助加工
	信息服务	基本服务：预约服务、货物跟踪、业务监控、信息查询、消息服务、报表分析
		物流软件：信息技术研发与推广、信息系统维护、信息系统研发、管理软件研发、物流实验室
		信息平台：电子报价与承诺、企业形象展示、交互式服务、资源交易、呼叫中心管理、远程控制、网上业务演示、网上业务操作、自动补货服务
	专业服务	定制物流
		代理服务：代理谈判、代理交易、代理保险、代理单证、代理收款与结算、货运代理其他项目
		快递服务：限时快递、国际快递、国内快递、同城快递
		国际物流：保税仓储、其他国际代理、班轮运输、租船运输、大陆桥运输、国际多式联运、报关及清关、物流保险、咨询服务、保税加工装配、保税运输、展会物流、船务代理、代付运费
		精益物流
		危险品物流
		高保值物流
		军事物流
		特殊行业物流
	新兴服务	物流金融：仓单/存货质押、担保融资、垫资融资、结算融资、融通仓/保兑仓
		物流咨询：设施设备选型、物流方案设计、业务运作咨询
		电子商务
		物流教育
		物流房地产
		供应链管理：供应链咨询、供应链流程规划、供应链各方管理、物流资源管理、市场调查与预测、研发/生产建议、采购及订单管理、促销服务、产品安装、维修服务
		虚拟物流

思考与练习

1. 企业物流合理化的原则有哪些？

2. 常规的物流服务主要包括哪些内容？

3. 废旧电池回收物流系统的设计。

目前，随着电子产品在生活中的广泛使用，电池的数量和种类也越来越多。而废弃电池对环境具有很大的破坏作用，各国对废旧电池的回收和处理都已非常重视。谈一谈你对废旧电池回收物流系统的设计构想。

第二章

物流的功能

第一节 运　　输

在所有物流的功能中，运输是一个最基本的功能，是物流的核心。提到物流，首先让人想到的便是运输。

一、运输的内涵

1. 运输的概念

运输是用设备和工具，将物品从一个地点向另一个地点运送的物流活动；其中包括集货、分配、搬运、中转、装入、卸下、分散等一系列操作。

运输是人和物的载运和输送，有时专指物的载运和输送。它是在不同地域范围内以改变物品的空间位置为目的的活动，对物品进行空间位移。

2. 运输的功能

在物流管理过程中，运输主要提供产品转移和产品储存两大功能。

（1）产品转移。运输的目的就是以最短的时间、最低的成本将产品转移到规定的地点。因此，运输的主要功能就是产品在价值链中实现位移，从而产生空间效用和时间效用。

（2）产品储存。运输的另一大功能就是在运输期间进行临时储存，也就是将运输工具（车辆、船舶、飞机、管道等）作为临时储存设施，而且这种储存是免费储存、自然储存。

3. 运输的地位

运输是社会物质生产的必要条件之一，是国民经济的基础，是生产过程的继续。运输活动和一般生产活动不同，它不创造新的物质产品，不增加社会产品数量，不赋予产品以新的使用价值，而只变动其所在的空间位置；但这一变动能使生产继续下去，使社会再生产不断推进，并且是一个价值不断增值的过程。所以，马克思将运输称为："第四个物质生产部门"。

运输是"第三个利润"的主要源泉。首先，运输承担大跨度空间转移的任务，活动的时间长、距离远、消耗大。消耗的绝对数量大，其节约的潜力也就大。其次，从运费来看，它在物流成本中占据最大的比例，一般占物流成本的近50%。有些产品运费高于其生产成本，所以，节约的潜力大。

4. **运输原理**

指导运输管理和营运的两个基本原理是规模经济和距离经济。规模经济是指随装运规模的增长，因此每单位质量的运输成本就能下降。如整车装运的单位成本要低于零担装运。这是因为转移一票货物有关的固定费用可以按整票货物的质量分摊；一票货物越重，每单位质量的成本就越低。这里的固定费用包括接受运输订单的行政管理费用、定位运输工具装卸的时间、开票以及设备费用等。距离经济是指每单位距离的运输成本随距离的增加而减少。运输距离也可分摊固定成本，距离越长，平均每千米支付的总费用越低。

二、运输方式

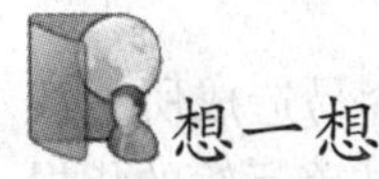

想一想

A公司是一个坐落在城市的店铺型销售企业，现在有一批农副产品（水果）需要从产地运到销地，两地之间的距离约200千米。在完成这批货物运输任务时，可以采用什么运输方式？需要考虑哪些因素？

不同运输方式的服务品质、技术性能、方便程度、管理水平，都会影响不同层次物流系统对运输方式的选择。因此，物流管理者必须了解各种运输方式及其特点，才能做出正确的选择。

1. **基本运输方式及特点**

（1）公路运输是使用公路设施、设备运送货物的一种运输方式。公路运输在所有的运输方式中是影响最广泛的一种运输方式，其优势如下：

1）全运程速度快。公路运输可以实现“门到门”运输，对于客运来说，可以减少旅客转换运输工具所需要的等待时间与步行时间；对于货运来说，限时运送货物，或为适应市场临时急需货物，公路运输服务优于其他运输工具。特别是短途、高价值产品运输，其整个运输过程的速度比其他运输工具都更迅速、方便。

2）运用灵活。公路运输富于灵活性，可随时调拨，不受时间限制，停靠方便，富于弹性及适应性。

3）受地形、气候限制小。汽车在路上行驶，较少受地形限制。受恶劣气候影响较飞机、船舶小。

但是，公路运输也存在缺点，如载运量小、安全性差等。因此，公路运输适合于短距离、小批量的运输。

（2）铁路运输是使用铁路设施、设备运送货物的一种运输方式。铁路运输具有一些其他运输工具不能取代的优点。

1）运量大、运价低廉且运距长。铁路运输采用大功率机车牵引列车运行，可承担长距离、大运输量的运输服务。而且由于列车运行阻力小，能源消耗量低，所以系统价格低廉。

2）行驶具有自动控制性。铁路运输具有专用路权，在行驶上具有高度导向性，可以采用列车自动控制方式控制列车运行，以达到车辆自动驾驶的目的。目前最先进的列车已经可以通过高科技计算机的控制，使列车的运行达到全面自动化，甚至无人驾驶，从而大大提高运输安全并减轻司机劳动强度。

3）有效使用土地。铁路运输以客、货车组成的列车为基本单元，可以在有限的土地上进行大量的运输，因此，较之公路可以节省大量的土地，使土地资源达到最有效的利用。

4）污染较低。铁路的污染较公路低。如在噪声方面，铁路所带来的噪声污染，不仅比公路低，而且是间断性的，而城市道路则是持续性的高噪声污染。

5）受气候限制小。铁路运输具有高度的导向性，只要行车设施无损坏，在任何气候条件下，列车均可安全行驶，所以铁路是营运最可靠的运输方式。

铁路运输系统也有其缺点，如资本密集、固定资产庞大、设备不易维修，且战时容易遭破坏等。对于物流管理来说，其缺点主要表现在以下方面：

1）货损较高。铁路运输可能因为列车行驶时的振动与货物装卸不当，容易造成所承载货物的损坏，而且运输过程需要经多次中转，也容易导致货物损坏、遗失。铁路运输的货损比例远高于公路运输，所以，一些货主不敢将高价值的货物交由铁路承运。

2）营运缺乏弹性。铁路运输缺乏公路运输的灵活，所以容易产生空车回送现象，从而造成营运成本的增加。

(3) 水路运输是使用船舶（或其他水运工具）在江、河、湖、海等水域运送货物的一种运输方式。在各种运输方式中，水路运输是最便宜的运输方式；但运输速度最慢，其特点如下：

1）运输量大。船舶货舱所占比例比其他运输工具都大。因此，可以供货物运输的舱位及其载质量比空运或陆运都大。

2）能源消耗低。据测量，运输 1 t 货物至同样距离，水运所消耗的能源最少。

3）单位运输成本低。水运的运输成本为铁路运输的 1/25～1/20，公路运输的 1/100。因此，水运（尤其是海运）是最低廉的运输方式，适于运输费用负担能力较弱的原材料及大宗物资的运输。

4）续航能力强。商船出航，所携带的燃料、粮食及淡水可维持数十日，绝非其他运输方式可比。而且商船具有独立生活的种种设备，如发电、制造淡水、储藏大量粮食的粮仓、油槽等，能长期独立生活。

但是，水路运输受气候和商港限制，可及性低。商船航行于海上，遇暴风雨需及时躲避；遇大雾时需按避碰章程办理，以防损害，这些都是气候对水路运输的限制。另外，商船到达商港，会因港湾水深或装卸设备的缺乏，而限制商船的入港与作业。再者，水路运输的可及性不高，往往需要地面运输系统的配合才能完成客、货运输过程。

(4) 航空运输是使用飞机或其他飞行器运送货物的一种运输方式。航空运输的特征主要表现在以下几个方面：

1）速度快。这是航空运输的最大优势。现代喷气式客机，巡航速度为 800～900 km/h，比汽车、货车快 5～10 倍，比轮船快 20～30 倍，而且距离越长，航空运输所能节约的时间越多，快速的特点也越显著。

2）不受地形限制，机动性大。飞机在空中飞行，受陆地地形因素限制很少，受航线条件限制的程度也远比汽车运输、铁路运输和水运小得多。它可以将地面上任何距离的两个地方连接起来，可以定期或不定期飞行。尤其对灾区的救援、供应，对边远地区的急救等紧急任务，航空运输已成为必不可少的手段。

3）舒适、安全。喷气式客机的巡航高度在 10 000 m 左右，飞行不受低空气流的影响，平稳舒适。现代民航客机的客舱宽敞，噪声小，机内有供膳、视听等设施，旅客乘坐的舒适程度较高。由于科学技术的进步和民航客机适航性严格的要求，航空运输的安全性比以往已大大提高。

4）适用范围广泛、用途广。飞机，尤其是直升机，不但可供客货运输，而且还可以用于邮政、农业、渔业、林业、救济、工程、警务、气象、旅游观光和军事等。因此，航空运输用途十分广泛。

5）基本建设周期短、投资少。要发展航空运输，从设备条件上讲，只要添置飞机和修建机场就可基本满足。这与修建铁路和公路相比，建设周期短、占地少、投资省、收效快。据计算，在相距 1 000 km 的两个城市间建立交通线，若载客能力相同，修建铁路的投资是开辟航线的 1.6 倍；铁路修建周期为 5～7 年，而开辟航线只需 2 年。

但是，航空运输也有其不足的方面：

1）航空运输载运量小、成本高。由于受飞机机舱容积制约，航空运输载运量小，运载成本和运价比地面运输高。

2）受气象条件限制。航空运输工具空中飞行，受气象条件限制较大，常影响飞机的航期和安全，且噪声污染比较严重。

由于航空运输具有快速、机动的特点，可以为旅客节省大量时间，为货主加速资金周转，所以，在客运和进出口贸易中，尤其是在运输贵重物品、精密仪器、鲜活物资等方面，发挥着越来越大的作用。

(5) 管道运输是由大型钢管、泵站和加压设备等组成的运输系统完成物料输送工作的一种运输方式。地面运输管道如图 2—1—1 所示。管道运输所输送的货物主要有油品（原油和成品油）、天然气（包括油田伴生气）、水煤浆以及其他矿浆。管道运输是随着石油开发而兴起的，并随着石油、天然气等流体燃料需求量的增长而发展。

图 2—1—1　地面运输管道

用管道运输，不同于用车、船舶、飞机等运输货物，管道是静止的，它通过输送设备（如泵、压缩机等）驱动货物，使之通过管道流向目的地。因此，管道运输具有如下特点：

1）运量大。一条管径 720 mm 的管道，可年输易凝高黏原油 2 000 万吨以上，相当于一条铁路的运量；一条 1 220 mm 的管道，年输量可达 1 亿吨以上。

2）占用土地少，易选取捷径而缩短运距。管道多埋于地下，埋入地下部分一般占管道总长度的 95%以上，因此占用土地少；且管道可以从河流、湖泊乃至海洋的水下穿过，也可以翻越高山，横越沙漠，敷设坡度较铁路、公路大，从而易选取捷径缩短运距。

3）可长期稳定运行。由于受恶劣气候条件的影响较小，可以长期连续不断地稳定运行。

4）便于管理。便于运输管理，易于远程监控，维修量小，劳动生产率高。

5）损耗少，安全可靠。易燃的油、气密闭于管道中，既可减少挥发损耗，又较其他运输方式安全，且系统机械故障率低。

6）耗能低、运输费用低。输送每吨千米轻质原油的能耗只有铁路的1/17～1/2。成品油运费仅为铁路的1/6～1/3，接近于海运，且无须装卸、包装，无空车回程问题。

7）沿途无噪声、漏失污染少。

但是，管道运输不如其他运输方式灵活，承运的货物比较单一，货源减少时不能改变路线，当运输量降低较多并超出其合理运行范围时，优越性就难以发挥。因此，只适于定点、量大、单向的流体运输。

以上五种运输方式的特点是物流企业在选择运输方式时的参考指标。一般来讲，运输方式的选择受运输物品的种类、运输量、运输距离、运输时间、运输成本五个方面因素影响。当然，这些条件不是相对独立的，而是紧密相连、互为影响的。对于我国物流企业来说，在选择运输方式时最关注的就是运输成本问题，而各种运输方式中对运输成本影响显著的主要是运价、运输时间（速度）、货物的灭损情况（安全可靠性）以及运输方式的可得性（运输方式服务于任何给定的两个地点间的能力）。

2. 新兴运输方式及特点

（1）成组运输。成组运输是采用一定的办法，把分散的单件货物组合在一起，成为一个规格化、标准化的大运输单位进行运输。成组运输便于进行机械化、自动化操作，提高运输、装卸效率，减少货损货差，降低运输和搬运成本，使运输速度大幅度提高。货主亦可从中得到好处，如享受对成组运输货物的特别优惠运费等。与普通散件运输相比，成组运输在操作、搬运过程中的优势包括减少了所需的人工；可使用机械化装卸工具；降低了车辆的周转时间；方便了装卸和积载；操作更为安全；运输过程中的破损和盗失的可能性大为降低；简化了托运标记和标签的使用等。

成组运输的突出优点使其成为物流运输过程中货物搬运和运输的重要形式和未来方向。成组运输的主要形式：

1）托盘运输。如图2—1—2所示，托盘是用于集装、堆放、搬运和运输，放置作为单元负荷物品的水平平台装置。

为了使物品能有效地装卸、运输、保管，将其按一定数量组合放置于一定形状的台面上，这种台面有供叉车从下部叉入并将台板托起的叉入口。以这种结构为基本结构的平板台板和各种在这种基本结构基础上所形成的各种形式的集装器具都可统称为托盘。

托盘运输是指将货物以一定数量组合码放在托盘上，连盘带货一起装入运输工具运送物品的运输方式，托盘作业如图2—1—3所示。

2）集装箱运输。集装箱是一种运输设备，应满足以下要求：具有足够强度，可长期反复使用；适于一种或多种运输方式运送，途中转运时，箱内货物不需换装；具有快速装卸和搬运的装置，特别便于从一种运输方式转移到另一种运输方式；便于货物装满或卸空；具有1 m^3 及以上的容积。陆地集装箱运输如图2—1—4所示。

图 2—1—2　托盘

图 2—1—3　托盘作业

集装箱运输被称为国际运输业的一次革命。其优点是：提高运输质量，减少货损货差，损耗率可由原来的 25%～30%降到 4%以内；节省各项费用，降低货运成本；提高装卸效率，加速运输工具的周转，比如，在铁路运输中，用人力装一节车皮需要 2 h，采用集装箱运输只需要 20 min，提高工效 6 倍；简化货运手续，便利了货物的运输；把传统的单一运输串联成为连续的成组运输，从而促进了多式联运的发展。

(2) 国际多式联运。国际多式联运是在集装箱运输的基础上产生发展起来的现代运输方式。它是按照多式联运合同，以至少两种不同的运输方式，由多式联运经营人将货物从一国境内接管货物的地点运至另一国境内指定交付货物的地点。在经济全球化的今天，多式联运在国际贸易运输中发挥着举足轻重的作用。国际多式联运具有以下条件：必须具有一份多式联运合同；必须使用一份全程多式联运单证，该单证应满足不同运输方式的需要，并按单一

图 2—1—4　陆地集装箱运输

运费率计收全程运费；必须是至少两种不同运输方式的连续运输；必须是国际间的货物运输；必须由一个多式联运经营人对货物运输的全程负责。

国际多式联运的优越性：简化托运、结算及理赔手续，节省人力、物力和有关费用；缩短货物运输时间，减少库存，降低货损货差事故，提高货运质量；降低运输成本，节省各种支出；提高运输管理水平，实现运输合理化。

从政府的角度来看，发展国际多式联运具有以下重要意义：有利于加强政府部门对整个货物运输链的监督与管理；保证本国在整个货物运输过程中获得较大的运费收入比例；有助于引进新的先进运输技术；减少外汇支出；改善本国基础设施的利用状况；通过国家的宏观调控与指导职能保证使用对环境破坏最小，达到保护本国生态环境的目的。

国际货物运输中几种比较重要的联合运输方式包括海—空联运；海—铁联运；航空—公路联运；铁路/公路—内河与海上—内河联运；微型陆桥联运；陆桥联运；驮背运输联运等。

三、影响运输方式选择的因素

物流企业可以根据所需运输服务的要求，参考不同运输方式的不同营运特性进行最优选择，使所获得的运输服务成本最低。当然，有时单靠一种运输方式无法实现最低成本，往往需要几种运输方式的组合才能实现。因此，为了选择正确的运输方式，降低运输成本，必须考虑以下几个因素。

1. 价格

运输服务价格就是运输货物的在途运费加上提供额外服务的所有附加费或运输端点费用。如果是受雇运输，运输服务的总成本就是货物在两点间运输收取的运费加上所有附加费，如保险费、装卸费、终点的送货费等。如果是自用运输，运输服务成本就是分摊到该次运输中的相关成本，如燃油成本、人工成本、维修成本、设备折旧和管理成本等费用。

不同的运输方式，其运输成本相差很大。航空运输是最昂贵的，管道运输和水上运输则是最便宜的，而公路运输又比铁路运输贵。但是，这种成本比较，是使用运费收入除以所运货物的总吨数得到的比值，并不能确切地反映各种运输方式的综合效益。在实际运营中，必须根据实际运费、运输时间、货物的性质以及运输安全等进行综合比较。

2. 运输时间

运输时间通常指货物从起点运输到终点所耗费的平均时间。运输时间的长短，从两方面影响运输的费用：货物价值由于其适用期有限可能造成的损失，如水果、蔬菜等；或因为其时间价值的适用期有限而造成的损失，如报纸、时装等。货物在运输中由其价值表现的资本占用费用，对高价值货物或货运量很大的货物，这可能占成本的很大部分。

因此，平均运输时间是一个重要的运输服务指标。在考虑运输时间时，还要注意一个问题，即运输时间的变化。运输时间的变化指各种运输方式下多次运输间出现的时间变化。它是衡量运输服务的不确定性的指标。起止点相同，使用同样运输方式的每一次运输的在途时间不一定相同，因为天气、交通拥挤、中途暂停次数、合并运输所费的时间不同等都会影响在途时间。一般来说，运输时间的变化率的排序与运输时间的顺序大致相同。也就是说，铁路的运输时间变化最大，航空运输最小，公路运输介于两者之间。但要注意的是，如果从变化率与平均运输时间的比值来看，航空运输最不可靠，而公路运输是最可靠的。

3. 安全性

保证运输安全性是选择的首要条件，包括物品的安全、人身的安全和公共安全等。为做到运输的安全，首先要了解物品的特性，如物理特性和化学特性等。然后选择安全可靠的运输方式。总之，选择运输方式时，保证运输的安全性是前提，运输时间和价格都在其后。

四、物流运输合理化

1. 物流运输合理化的含义及其因素

物流运输合理化就是从物流系统的总体目标出发，按照货物流通的规律，运用系统理论和系统工程方法，合理利用各种运输方式，选择合理的运输路线和运输工具，以最短的路径、最少的环节、最快的速度和最少的劳动消耗组织好货物的调运。要实现物流运输合理化，起决定作用的主要有五大因素：

（1）运输距离。这是决定运输合理与否的一个最基本的因素，企业应尽可能就近运输，避免舍近求远。

（2）运输环节。物流企业应尽量减少装卸、搬运、转运等中间环节，尽可能组织直达、直拨运输，使货物不进入中转仓库，而由产地直达运销地或客户，减少运输环节。

（3）运输工具。要根据不同货物的特点，分别利用铁路、水运、航空或汽车运输。选择最佳的运输路线，并积极改进车船的装载方法，提高技术装载量，使用最少的运力来运输更多的货物，提高运输生产效率。

（4）运输时间。物流企业要想方设法加快货物运输，尽量压缩待运期，使大批货物不要长期徘徊、停留在运输过程中。

（5）运输费用。运输费用占物流成本比重很大，是衡量运输经济效益的一项重要指标，也是组织合理运输的主要目的之一。运输费用的高低，不仅关系到物流企业的经济核算，而且也影响货物销售成本。为此，应积极节约运输成本。

2. 物流运输合理化的有效措施

（1）提高运输工具实载率。实载率是指一定时期内车船等运输工具实际完成的货物周转量（以吨千米计）占车船载重吨位与行驶千米之乘积的百分比。提高实载率的意义在于充分利用运输工具的额定能力，减少运输工具空驶和不满载行驶的时间，减少浪费，从而求得运输的合理化。我国曾在铁路运输上提倡“满载超轴”，其中“满载”的含义就是充分利用货车的容积和载质量，多载货，不空驶；“超轴”的含义就是在机车能力允许的情况下，多加挂车皮。我国在客运紧张时，也采取加长列车、多挂车皮等办法，在不增加机车的情况下增加运输量。

（2）减少动力投入，增加运输能力。这种合理化的要点是，少投入、多产出，走高效益之路。如“满载超轴”、水运拖排和拖带法（竹、木等物资的运输，利用竹、木本身浮力，不用运输工具载运，采取拖带法运输，可省去运输工具本身的动力消耗从而求得合理）、汽车挂车等。

（3）发展社会化的运输体系。运输社会化的含义是发展运输的大生产优势，实际专业分工，打破一家一户自成运输体系的状况。一家一户的运输，不能形成规模，且运量需求有限，难于自我调剂，因而经常容易出现空驶、运力选择不当（因为运输工具有限，选择范围太窄）、不能满载等浪费现象，且配套的接、发货设施以及装卸搬运设施也很难有效地运行，所以浪费颇大。实行运输社会化，可以统一安排运输工具，避免对流、倒流、空驶、运力不当等多种不合理形式，不但可以提高组织效益，而且可以提高规模效益，所以，发展社会化的运输体系是运输合理化的非常重要措施。社会化运输体系中，各种联运体系是其中水平较高的方式。

（4）开展中、短距离铁路公路分流，即“以公代铁”的运输。这一措施的要点是，在公路运输经济里程范围内，或者经过论证，超出通常平均经济里程范围，也尽量利用公路。这种运输合理化的表现主要有两点：一是对于比较紧张的铁路运输，用公路分流后，可以得到一定程度的缓解，从而加大这一区段的运输通过能力；二是充分利用公路“从门到门”和在中途运输中速度快且灵活机动的优势，实现铁路运输服务难以达到的水平。

（5）尽量发展直达运输。直达运输是物品由发运地到接收地，中途不需要中转的运输。从而提高运输速度，节省装卸费用，降低中转货损。

（6）搞好配载运输。充分利用运输工具载重量和容积，合理安排装载的货物及载运方法以求得合理化。配载运输也是提高运输工具实载率的一种有效形式。

（7）开展“四就”直拨运输。这种“四就”方式是指：就厂直拨、就车站直拨、就仓库直拨、就车船过载；是指在组织货物调运的过程中，对当地生产或由外地到达的货物不运进批发站仓库，而采取直拨的办法，把货物直接分拨给基层批发、零售中间环节。这种方式可以减少一道中间环节，在时间与成本方面收到双重的经济效益。在实际的物流工作中，可以根据不同的情况，采取“四就”等具体的运作方式。

（8）发展特殊运输技术和运输工具。依靠科技进步是运输合理化的重要途径。例如，专用散装及罐车解决了粉状、液状物运输损耗大、安全性差等问题；“滚装船”解决了车载货的运输问题；集装箱船比一般船能容纳更多的箱体，集装箱高速直达车船加快了运输速度等，都是通过采用先进的科学技术实现合理化。

（9）通过流通加工，使运输合理化。有不少产品，由于产品本身形态及特性问题，很难实现运输的合理化，如果进行适当加工，就能够有效解决合理运输问题。

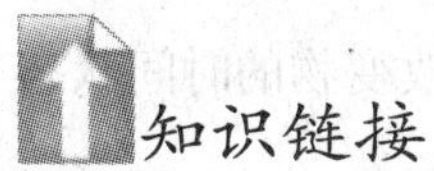

知识链接

几个有关运输的概念

1．“门到门”运输

物品从发货点到达收货点的全部运输过程均由运输部门直接承担的一种运输业务，即不论运程远近或全程须经过几个运输环节，承运人对所承运物品的责任期限，从承运人仓库收货开始，至物品交给收货人仓库时止。

2．甩挂运输

用牵引车拖带挂车至目的地，将挂车甩下后，换上新的挂车运往另一个目的地的运输。

3．整车运输

根据规定批量按整车货物办理承接手续、组织运送和计费的货物运输。

4．零担运输

根据规定批量按零担货物办理承接手续、组织运送和计费的货物运输。

思考与练习

1．运输方式主要有哪些？各具有哪些特点？

2．物流运输合理化的主要措施有哪些？

3．通过资料搜集，讨论不合理运输的表现形式有哪些？并对其原因进行分析。

第二节　储　　存

一、与储存相关的几个概念

1．仓储

利用仓库及相关设施、设备进行物品的进库、存储、出库的作业。仓，即仓库，是为存放物品而设置的建筑物或场地。储，则是指对物品进行收存、管理、交付使用等行为。

2．储存

保护、管理、储藏物品。

3．库存

库存作为今后按预定的目的使用而处于闲置或非生产状态的物品。广义的库存还包括处于制造加工状态和运输状态的物品。

4．保管

对物品进行储存，并对其进行物理性管理的活动。

5. 储备

储备是一种有目的的储存物资的行动。物资储备的目的是为了保证社会再生产连续不断、有效地进行，物资储备是一种能动的储存形式。

物流中的储存是一个非常广泛的概念，与运输概念相对应。储存是以改变物的时间状态为目的的活动，从克服产需之间的时间差异获得更好的效用。

二、仓库的分类

1. 按仓库功能分类

（1）储备仓库。储备仓库是指专门长期存放各种储备物资，以保证完成各项储备任务的仓库。如战略物资储备、季节物资储备、备荒物资储备、流通调节储备等。储备仓库的功能是较长时间储存保管，主要追求储存效益。

（2）周转仓库。周转仓库是指用于暂时存放待加工、待销售、待运输物资的仓库，包括生产仓库、流通仓库、中转仓库、集配仓库、加工仓库等。它的储存时间短，主要追求周转效益，为生产、流通或运输服务。

2. 按用途分类

（1）自用仓库。是指生产、商业、外贸等企业为本企业业务需要而建立的仓库。有关仓库的建设、库存物资管理以及出入库等，都由企业自己管理。

（2）专业经营仓库。是指按照相关管理条例取得营业许可，专门为经营储运业务而修建的仓库，是一种社会化的仓库。它面向社会，以经营为手段，以盈利为目的，与自用仓库相比，使用效率较高。

（3）公用仓库。是指国家或一个主管部门或公共团体为了公共利益而建设的仓库。如我国铁路车站、公共汽车站场的货栈仓库、港口码头仓库、交通枢纽站的货物仓库等大部分属于这一类。

（4）保税仓库。储存经海关批准，在海关监管下的尚未办理海关进口手续，或只是过境的进出口货物的仓库。货物可以免税进出这些仓库而无须办理清关手续，可以在保税仓库内对货物进行加工、存储、包装和整理等业务。

3. 按保管形态分类

（1）通用仓库。如图 2—2—1 所示，用于储存没有特殊要求的工业品和农副产品的仓库。一般是指具有常温保管、自然通风、无特殊功能的仓库。

（2）特种仓库。用于储存具有特殊性能、要求使用特别保管设备的物品的仓库。一般是指储存化学危险品、易腐蚀品、石油及其产品、鲜活冷冻品、部分医药品的仓库。这类仓库配备有专门的设备，来满足商品储存要求。化学品仓库如图 2—2—2 所示。

4. 按结构和构造分类

可分为平房仓库、多层仓库（楼房仓库）、高层货架仓库（立体仓库）、散装仓库、罐式仓库等。其中，自动化立体仓库如图 2—2—3 所示。

三、仓库的功能

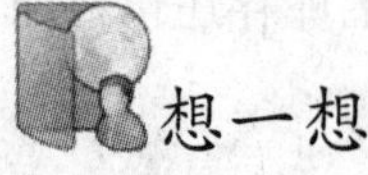

想一想

仓库成本是整个配送系统成本中的重要组成部分。在成本的调查中，仓储成本占到配送

图 2—2—1　通用仓库

图 2—2—2　化学品仓库

图 2—2—3　自动化立体仓库

成本的 30%～40%。按照各个因素所占比例，仓储成本可作如下细分：人工成本 48%，空间成本 42%，设备成本 10%。可以看出，人工成本所占的比例最大，其具体细目为收货活动成本 13%，入库活动成本 12%，拣货活动成本 43%，包装派送活动成本 20%，其他 12%。

阅读以上资料，给我们带来什么启发？讨论一下仓储的功能是什么？仓储是必需的吗？

1. 储存保管的功能

无论是储备仓库，还是周转仓库，它们首要的功能就是储存保管。

2. 集散货物的功能

仓库通过运输，从各个供应商处收集货物，然后在仓库进行储存、整理、组配、流通加工、分拣、分发、分销，最终分运到各个不同需求的客户手中。

3. 衔接供需的功能

仓库就像一个储水池，它可以衔接供应者和需求者在供需时间上的不同步，缓解供需矛盾，保证生产、流通和运输各个环节的顺利进行。

4. 客户服务的功能

仓库可以为顾客代储、代运、代加工、代服务，为顾客的生产、供应、销售、生活等提供物资和信息的支持，为客户带来各种方便。

5. 防范风险的功能

储备仓库以及周转仓库的安全储备都是用于防范灾害、战争、偶发事件以及市场变化、随机事件而设置的保险库存。可以用于防范各种风险，保障人民生命财产安全，保障生产和生活正常进行。

6. 物流中心的功能

仓库是各种物流活动集中的场所，除了储存以外，还可以运输、配送、包装、装卸、流通加工以及提供各种物流信息，因此，仓库往往成为物流中心，或配送中心、储运中心等。有的仓库还可以进行商流，仓库就成为流通中心。

四、仓库内部布局

仓库的整体布局如图 2—2—4 所示。在进行仓库内部的布局规划时要考虑其所执行的主要功能的影响。以保管为主要功能的仓库库存的周转率较低，内部布局要求最大程度地利用仓库的储存空间；以配送为主要功能的仓库，其内部布局则要求仓库的吞吐量为最大，图 2—2—5 所示为仓库的内部布局。

图 2—2—4　仓库整体布局

1. 仓库布局设计的影响因素

在规划仓库布局时，必须在空间、人力、设备等因素之间进行权衡比较。空间太大，机械设备与员工在作业过程中行走的距离会增加；空间狭小拥挤，也会影响工作，降低作业效率。仓库布局设计的主要影响因素如下。

（1）仓库的功能。应考虑是单纯储存还是兼有分拣、流通加工、配送等作业功能。

（2）储存的对象。应考虑储存货物的性质、类型、数量、外形尺寸。

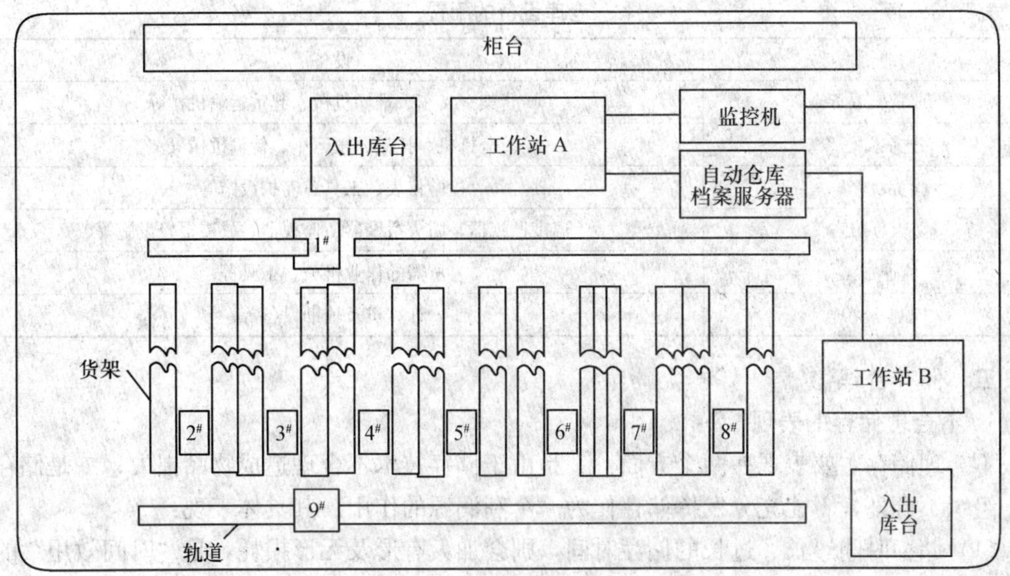

图 2—2—5 仓库内部布局

(3) 仓库环境要求。应考虑是常温、冷藏、还是恒温条件。

(4) 货位是否固定。固定货位应便于收发保管和点查；但常有货位空闲不用，存储空间的利用率低。

(5) 平面或立体布局。平面布局应具有地面单位面积承载能力大、货物进出库作业方便的优点，但占用土地面积大；立体布局充分利用仓库高度，在单位面积上能储存更多的货物，节省用地。

(6) 通道与货架占用空间。通道面积增大，则放置货架的面积减少，相应地使储存空间减少。但宽敞的通道便于使用机械作业。

(7) 机械化程度。

(8) 分拣作业要求。

(9) 其他业务需要。除了货物入库和出库所需要的库房储存空间以外，为了进行仓库其他业务活动也需要有一定的场地。

1) 车辆为等待装货或卸货的停车场地和员工休息室。

2) 入库和出库货物的暂时存放场地。

3) 办公室所需场地。

4) 保管损坏货物、等待承运商检查确认的场地。

5) 进行重新包装、贴标签、标价等业务所需场地。

6) 设备的保管和维护场地。

7) 危险品以及需要冷冻、冷藏等进行特殊保管的货物所需要的专用储存区。

2. 仓储设备配置

要根据仓库的功能、储存对象、要求条件等确定主要设施、设备的配置，见表 2—1—1。

表 2—2—1 仓库设备的配置

功能要求	设备
存货、取货	货架、叉车、堆垛机械、起重运输机械等
分拣、配货	分拣机、托盘、搬运车、传输机械等
验货、养护	检验仪表、工具、养护设施等
防火、防盗	温度监视器、防火报警器、监视器、放盗报警设施等
流通加工	所需的作业机械、工具等
控制、管理	计算机及辅助设备等

五、储存合理化

1. 不合理储存的表现

不合理储存主要表现在两个方面：一是由于储存技术不合理造成物品损失；二是储存管理、组织不合理，不能充分发挥储存作为一个利润源的作用。其具体表现：

（1）储存时间过长。过长的储存时间，则会加大有形及无形损耗，是“时间效用”的一个逆反因素。

（2）储存的数量过多。储存虽然以一定数量形成保证供应、保证生产、保证消费的能力，但储存的损失（各种有形及无形的损失）是随着储存数量的增加成正比例地增加的。

（3）储存数量过少。储存数量过少会严重降低储存对供应、生产、消费的保证能力。当然，储存数量越少，储存的各种损失也会越低，储存数量降低到一定程度，由于保证能力的大幅度削弱会引起巨大损失，其损失远远超过由于减少储存量防止库损、减少利息支出损失等带来的收益。所以，储存量过少，也是不合理的储存现象。

（4）储存条件不足或过剩。储存条件不足指的是储存条件不足以为被储存物提供良好的储存环境及必要的储存管理措施，往往造成被储物的损失或整个储存工作的混乱，使储存后的工作受到损失。储存条件不足主要反映在储存场所简陋，储存设施不足，以及维护保养手段及措施不力，不足以保护被储存物。储存条件过剩指的是储存条件超过需要，从而使被储存物过高负担储存成本，使被储存物的实际劳动投入高于社会平均必要劳动量，从而出现亏损。

（5）储存结构失衡。储存结构是被储存物的比例关系，被储存物的比例关系在宏观上和微观上都会出现失调，如储存物的品种、规格、储存期、储存量、储存位置的失调等。

2. 储存合理化

所谓储存合理化，就是建立合适的储存条件，对合适的储存物进行合适的库存管理的综合性系统工程。储存合理化具体包括储存条件合理化、储存品种结构合理化、储存数量合理化和储存时间合理化。

（1）储存条件合理化。就是要有一个合理的储存环境。主要是要建立起一个完善合理的保管场所和保管条件。仓库的地质地理条件、温度湿度通风光照能源条件、防火防盗安全条件、仓储规划布局、保管规章制度等全面合理化。

（2）储存品种结构合理化。就是要有一个合理的库存品种结构。

（3）储存数量合理化。就是要有一个合适的库存数量。

（4）储存时间合理化。储存时间合理化就是要求货品储存时间不能太长，超过规定储存期，产品就失去了原有的使用价值而成为废品或次品。储存时间合理化，一定要认真执行“先进先出”原则，保证各个产品都能够正常流转，加快流转速度，提高库存周转率和库容利用率。实行“先进先出”，常采用的方法如下：

1）将周转快的物资随机存放在便于存储之处，以加快周转，减少劳动消耗。

2）采用贯通式货架系统。货架每层采用贯通的通道，从一端存入物品，从另一端取出物品，物品在通道中自行按先后顺序排队出库，不会出现遗漏、越位。

3）“双仓法”储存。给每种被储存物都准备两个仓位或货位，轮换进行存取，一个货位用完再用另一个货位，则可以保证实现“先进先出”。这种方法在管理上比较简单，适合于资金占用量不大、经常使用又无须进行重点管理的物资。

思考与练习

1. 仓库的分类有哪些？主要的功能是什么？

2. 不合理储存的表现主要有哪些？

第三节 配 送

一、配送的概念及其特点

1. 配送的概念

配送是指在经济合理区域范围内，根据客户要求，对物品进行拣选、加工、包装、分割、组配等作业，并按时送达指定地点的物流活动。

2. 配送的特点

（1）配送是从物流据点至用户的一种特殊送货形式，从事送货的是流通企业而不是生产企业。配送是中转型送货，用户需要什么送什么。

（2）配送不是单纯的运送，而是运送与其他活动共同构成的组合体。

（3）配送是“门到门”服务。是一种专业化的分工形式。

（4）配送是在全面配货的基础上，完全按用户要求，包括种类、品种搭配、数量、时间等方面的要求所进行的运送，是“配”和“送”的有机结合。

（5）配送本身并不限定距离。应当说，跨越国界的、长距离的、大批量的货物配装和运送等活动同样属于配送的范畴。

二、配送的要素

集货、分拣、配送、配装、配送运输、送达服务以及配送加工等是配送最基本的构成单元。

1. 集货

集货是将分散的或小批量的物品集中起来，以便进行运输、配送的作业。集货是配送的主要环节，为了满足特定客户的配送要求，有时需要把从几家甚至数十家供应商处预订的物品集中，并将集中的物品分配到指定容器或场所。

集货是配送的准备工作或基础工作。配送的优势之一就是可以集中客户的需求进行一定规模的集货。

2. 分拣

将物品按品种、出入库先后顺序进行分门别类堆放的作业。分拣是配送不同于其他物流形式的功能要素，也是配送成败的一项重要支持性工作。它是完善送货、支持送货的准备性工作，是不同配送企业在送货时进行竞争和提高自身经济效益的必然延伸。所以，分拣是送货向高级形式发展的必然要求。有了分拣，就会大大提高送货服务水平。

3. 配送

使用各种拣选设备和传输装置，将存放的物品按客户要求分拣出来，配备齐全，送入指定发货地点。

4. 配装

在单个客户配送数量不能达到车辆的有效载运负荷时，就需要集中不同客户的配送货物，进行搭配装载以充分利用运能、运力，这就需要配装。通过配装送货可以大大提高送货水平及降低送货成本，所以，配装也是配送中有现代特点的功能要素，也是现代配送不同于一般送货的区别之一。

5. 配送运输

配送运输与一般运输形态的主要区别在于，配送运输是较短距离、较小规模、额度较高的运输形式，一般使用汽车做运输工具。配送运输的路线是一般运输所没有的，一般运输的干线是唯一的运输线，而配送运输由于配送客户多，一般城市交通路线又较复杂，如何组合成最佳路线，如何使配装和路线有效搭配等是配送运输的特点，也是难度较大的工作。

6. 送达服务

将配好的货物运输到客户还不算配送工作的结束，这是因为，送达货物和客户接收货物往往还会出现不协调而使配送前功尽弃。因此，要圆满地实现货物的移交，并有效地、方便地处理相关手续并完成结算，还应讲究卸货的具体地点、卸货方式等。送达服务也是配送独具的特殊性。

7. 配送加工

按照配送客户的要求所进行的流通加工。在配送中，配送加工这一功能要素不具有普遍性，但往往是有重要作用的功能要素。这是因为，通过配送加工，可以大大提高客户的满意程度。配送加工是流通加工的一种，但配送加工有它不同于一般流通加工的特点，即配送加工一般只取决于客户要求，其加工的目的较为单一。

三、配送的基本方式

1. 定量配送

定量配送是指每次按固定的数量（包括商品的品种）在指定的时间范围内进行配送。它的计划性强，每次配送的品种、数量固定，备货工作简单。可以按托盘、集装箱及车辆的装载能力规定配送的定量，能有效利用托盘、集装箱等集装方式，配送效率较高，成本较低。由于时间不严格限定，可以将不同客户所需商品凑整车后配送，提高车辆利用率，客户每次接货都处理同等数量的货物，有利于人力、物力的准备。

2. 定时配送

定时配送是指按规定的间隔时间进行配送，如数天或数小时一次等，每次配送的品种和数量均可按计划执行，也可按事先商定的联络方式下达配送通知，按客户要求的品种、数量和时间进行配送。定时配送有以下两种具体形式：

（1）当日配送。当日配送是定时配送中使用较广泛的方式，尤其在城市内的配送，当日配送占了绝大多数比例。当日配送要求厂商上午的订货下午可送达，下午的订货第二天早上送达，一般送达时间在订货的 24 h之内。

（2）准时配送。准时配送是使配送供货与生产企业生产保持同步的一种方式。这种方式比当日配送方式更为精细准确，配送每天至少一次，甚至几次，以保证企业生产的不间断。这种方式追求的是供货时间恰好是客户生产之时，货物不需在客户仓库中停留，而直接运往生产场地，可以实现零库存。

（3）定时定量配送。定时定量配送是指按规定时间和规定的商品品种及数量进行配送。它结合了定时配送和定量配送的特点，服务质量水准较高，组织工作难度很大，通常针对固定客户进行这项服务。

（4）定时定量定点配送。定时定量定点配送是指按照确定的周期、确定的商品品种和数量、确定的客户进行配送。这种配送形式一般事先由配送中心与客户签订协议，双方严格按协议执行。它有利于保证重点需要和降低企业库存，主要适用于重点企业和重点项目。

（5）定时定线配送。定时定线配送是指在规定的运行路线上制定到达时间表，按运行时间表进行配送，客户可按规定路线及规定时间接货。采用这种配送方式有利于安排车辆及驾驶人员，在配送客户较多的地区，配送工作组织相对容易。

（6）即时配送。即随要随送。即时配送是指按照客户提出的时间和商品品种、数量的要求，随即进行配送。这种方式是以某天的任务为目标，在充分掌握了这一天需要的客户、需要量及种类的前提下，及时安排最优的配送路线并安排相应的配送车辆实行配送。它做到每天配送都能实现最优的安排，因而是水平较高的方式。适合一些零星商品、临时需要的商品或急需商品的配送。

四、配送模式

1. 自营型配送模式

这是目前生产流通或综合性企业（集团）所广泛采用的一种配送模式。企业（集团）通过独立组建配送中心，实现内部各部门、厂、店的物品供应的配送，这种配送模式形成了“大而全”“小而全”，从而造成了社会资源浪费；但是，就目前来看，在满足企业（集团）内部生产材料供应、产品外销、零售场店供货和区域外市场拓展等企业自身需求方面发挥了重要作用。

较典型的企业（集团）内自营配送模式，就是连锁企业的配送。大大小小的连锁公司或集团基本上都是通过组建自己的配送中心，来完成对内部各场、店的统一采购、统一配送和统一结算的。

2. 外包型配送模式

主要是由具有一定规模的物流设施设备（库房、站台、车辆等）及专业经验、技能的批发、储运或其他物流业务经营企业，利用自身业务优势，承担其他生产性企业在该区域内市场开拓、产品营销而开展的纯服务性配送。

3. 综合型配送模式

在这种模式中，从事配送业务的企业，通过与上游生产、加工企业建立广泛的代理，或买断关系，与下游零售店铺形成稳定的契约关系，从而将生产、加工企业的商品或信息进行统一组织、处理后，按客户订单的要求，配送到店铺。这种模式的配送，还表现为对客户间交流信息，从而起到调剂余缺、合理利用资源的作用。因此，综合化的中介型配送模式是一种比较完整意义上的配送模式。

4. 共同配送模式

这是一种配送经营企业间为实现整体的配送合理化，以互惠互利为原则，互相提供便利的配送业务的协作型配送模式。

想一想

目前，网上购物已经受到人们的广泛欢迎，越来越多的人开始接受这一新的购物方式。目前几大电子商务企业如当当、卓越、京东、凡客等在线购物网站，其物流配送服务采用哪些模式呢？请调查并逐条列出对比分析。

五、配送作业流程

从总体上看，配送是由备货、理货和送货三个基本环节组成的，其中每个环节又包含着若干项具体的、枝节性的活动。

1. 备货

备货即指准备货物的系列活动。它是配送的基础环节。严格说来，备货应当包括两项具体活动：筹集货物和储存货物。

2. 理货

理货是配送的一项重要内容，也是配送区别于一般送货的重要标志。理货包括货物分拣、配货和包装等项经济活动。其中，货物分拣采用适当的方式和手段，从储存的货物中分出（或拣选）用户所需要的货物。分拣货物一般采取两种方式操作：一是摘取式；二是播种式。

（1）摘取式分拣。摘取式分拣就像在果园中摘果子那样拣选货物。具体做法是，作业人员拉着集货箱（或称分拣箱）在排列整齐的仓库货架间巡回走动，按照配送单上所列品种、规格、数量等，将客户所需要的货物拣出并装入集货箱内。在一般情况下，每次拣选只为一个客户配装；在特殊情况下，也可以为两个以上的客户配装。目前，推广和应用了自动化分拣技术，由于装配了自动化分拣设施等，大大提高了分拣作业的劳动效率。摘取式分拣作业如图 2—3—1 所示。

（2）播种式分拣。播种式分拣货物类似于田野中的播种操作。其做法是，将数量较多的同种货物集中返到发货场，然后，根据每个货位货物的发送量分别取出货物，并分别投放到每个客户的货位上，直至配货完毕。播种式分拣作业如图 2—3—2 所示。

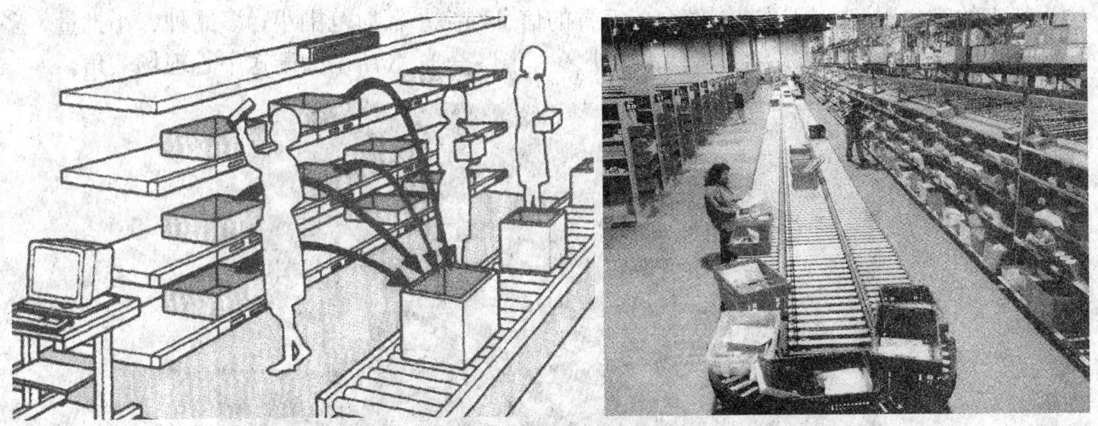

图 2—3—1　摘取式分拣

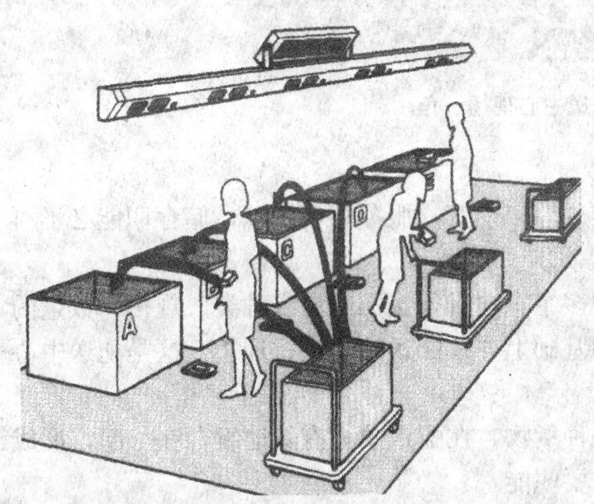

图 2—3—2　播种式分拣

3. 送货

送货是配送活动的核心，也是备货和理货工序的伸延。在物流活动中，送货实际上就是货物的运输（或运送），因此，常常以运输代表送货。但是，组成配送活动的运输（有人称为“配送运输”）与通常所说的“干线运输”是有很大区别的：前者多表现为对客户的“末端运输”和短距离运输，并且运输的次数比较多；后者多为长距离运输（“一次运输”）。由于配送中的送货（或运输）需要面对众多的客户，并且要多方向运输，因此，在送货过程中，常常进行运输方式、运输路线和运输工具的选择。按照配送合理化的要求，必须在全面计划的基础上，制定科学的、距离较短的配送路线，选择经济、迅速、安全的运输方式和适宜的运输工具。通常，配送中的送货（或运输）都把汽车（包括专用车）作为主要的运输工具。

六、配送中心

1. 配送中心的概念

配送中心是从事配送业务的具有完善的信息网络的场所或组织。它有如下基本特点：主要为特定的客户服务；配送功能健全；完善的信息网络；辐射范围小；多品种、小批量、多批次、短周期；主要为末端客户提供配送服务。图 2—3—3 所示为配送中心现场一角。

图 2—3—3 配送中心现场一角

2. 配送中心的职能

(1) 储存职能。配送是依靠集中库存来实现对多个客户服务的，所以，储存职能必不可少，它有重要支撑作用的职能。

(2) 分拣、理货职能。为了将多种物资向多个客户进行按不同要求种类、规格、数量的配送，配送中心必须有效地分拣，并在分拣的基础上，按配送计划进行理货。这是配送中心的核心职能。

(3) 配货、分放职能。对于客户所需的多种货物，在配送中心有效地组合在一起，形成向客户方便发送的货载。这也是配送中心的重要职能。

(4) 倒装、分装职能。不同规模的货载在配送中心应能高效地分解及组合，按客户要求形成新的装运形态。

(5) 装卸搬运职能。配送中心的进货、理货、装货、加工都需要辅之以装卸搬运。有效的装卸搬运会大大提高配送中心的经营管理水平。所以，装卸搬运是配送中心的基础工作，是一项基础职能。

(6) 加工职能。多数配送中心都要进行不同程度的加工，有些加工活动是配送中心的关键活动。加工职能能有效提高配送水平。

(7) 送货职能。送货的起点是配送中心，虽然送货全过程已超出配送中心的范畴，但配送中心的工作对送货起决定作用。送货的指挥与管理也是在配送中心。所以，送货是配送中心作用最后实现的职能。

(8) 情报职能。配送中心在干线物流与末段物流间起衔接作用，这种衔接不但靠实物的配送，也靠情报信息的衔接。配送中心的情报活动也是整个物流系统中重要的一环。

3. 配送中心的类型

(1) 专业配送中心。这种配送中心有两种：一是配送对象、配送技术属于某一专业范畴，综合该专业的多种物资进行配送。例如，多数制造业的销售配送中心。我国在无锡、石家庄、上海等地建立的配送中心大多采用这一形式；二是以配送为专业化职能，基本不从事经营的服务型配送中心。

(2) 柔性配送中心。这种类型的配送中心不是向固定化、专业化方向发展，而是向能随时变化，对客户要求有较强适应性、不固定供需关系、不断发展配送客户的方向发展。

(3) 供应配送中心。即专门为某个或某些客户（如联营商店、联合公司等）组织供应的配送中心。例如，为大型连锁超市组织供应的配送中心，代替零件加工厂送货的零件配送中心等。我国上海地区6家造船厂的钢板配送中心属于供应配送中心。

(4) 销售配送中心。即以销售经营为目的，以配送为手段的配送中心。主要有三种类型：

1）生产企业配送中心。是指生产企业为本身产品直接销售给消费者的配送中心。在国外，这种类型的配送中心很多。

2）流通企业配送中心。作为本身经营的一种方式，流通企业建立配送中心以扩大销售。我国目前拟建的配送中心大多属于这种类型。

3）协作配送中心。是指流通企业和生产企业联合的协作型配送中心。它是国外和我国配送中心的发展趋势。

(5) 城市配送中心。即以城市作为配送区域的配送中心。这种配送中心可直接配送到最终客户，且采用汽车进行配送。所以，这种配送中心往往和零售经营相结合。由于运距短、反应能力强，因而从事多品种、少批量、多客户的配送较有优势。我国已建的"北京食品配送中心"属于这种类型。

(6) 区域配送中心。即拥有比较强的辐射能力和库存能力，向省（市、自治区）际、全国乃至国际范围的客户配送货物的配送中心。这种配送中心规模较大，往往是既配送给下一级的城市配送中心，也配送给营业所、商店、批发商和企业客户。虽然也从事零星的配送，但不是主体形式。这种配送中心更像大型的物流中心。这种类型的配送中心在国外十分普遍，如日本的"阪神配送中心"、美国"沃尔玛公司配送中心""蒙克斯帕配送中心"等就属于这种类型。

(7) 储存型配送中心。即有很强储存能力的配送中心。平常利用巨大的仓库进行大量货物的储存，在客户需要的时候进行配送。我国目前拟建的配送中心都采用集中库存形式，库存量较大，多为储存型。瑞士Ciba-Geigy公司的配送中心拥有世界上规模居于前列的储存库，可储存4万个托盘；美国赫马克配送中心拥有一个有163 000个货位的储存区，存储量非常大。

(8) 流通型配送中心。即基本上没有长期储存功能，仅以暂存或随进随出方式进行配货、送货的配送中心。这种配送中心的典型方式是，大量货物整体购进并按一定批量送出，采用大型分货机，进货时直接进入分货机传送带，分送到各客户货位或直接分送到配送用的汽车上，货物在配送中心里仅作少许停滞。

(9) 加工配送中心。即具有加工功能的配送中心。如我国上海6家船厂联建的船板处理配送中心属于这一类型。

(10) 其他配送中心。按配送中心的拥有者划分有：制造商型配送中心、零售商型配送中心、批发商型配送中心、专业配送中心、转运型配送中心；按配送货物种类分有食品配送中心、日用品配送中心、医药品配送中心、化妆品配送中心、家电产品配送中心、电子产品配送中心、图书产品配送中心、服饰产品配送中心、汽车零件配送中心等。

七、配送合理化的措施

1. 恰当设置配送中心

恰当设置配送中心是决定能否取得高效益的前提条件。首先应考虑适应性、协调性、经济性、前瞻性和便利性等布点原则，而后考虑客户分布、供应商的分布、交通条件、土地条件和自然条件等因素，最后确定规模而恰当设置配送中心。

2. 加强配送的计划性

在配送活动中，临时配送、紧急配送或无计划的随时配送是使经济效益降低、配送不合理的主要因素。临时配送是因为事前计划不周，未能考虑正确的配装方式及恰当的配送路线，到了临近配送截止日期，则必须安排专车单线进行配送，造成了车辆不易满载，浪费里程也多。紧急配送是指为满足客户紧急订货需要，只要求按时送到货物，来不及认真安排车辆配装及配送路线，而造成载重及里程的浪费。为保证服务水平，一般不能拒绝紧急配送，但是，如果能认真核查并有调剂准备的余地，紧急配送也可纳入计划而保证其效益。随时配送是指对配送要求不做计划安排，客户要求一次就送一次，不能保证配装及选择路线，这样做会造成较大浪费。

3. 专业化配送

物流企业可通过采用专业设备、设施及操作程序，力争取得较好的配送效果，并降低配送过分综合化的复杂程度及难度，从而达到配送合理化。

4. 加工、配送

通过加工和配送相结合，充分利用本来应有的中转，不增加新的中转就可以取得配送合理化。同时，加工目的更加明确，和客户联系更紧密，避免了加工的盲目性。两者的有机结合，使投资不增加太多就可追求两个优势、两个效益，这是提高配送合理化程度的重要途径。

5. 共同配送

通过共同配送，可以以最近的路程、最低的配送成本完成配送，从而提高合理化程度和配送的经济效益。尤其当单独配送的配送量较小、车辆不能满载，难以确定最优路线时，采取共同配送方式可大大降低成本，提高效益。

6. 定时配送

定时配送是配送合理化的重要内容。只有及时配送商品，提高供应保证能力，客户才可以放心地实施低库存或零库存，可以有效地安排接货的人力、物力。从国外的经验看，定时配送系统是现在许多企业追求配送合理化的重要手段。

7. 即时配送

即时配送是大幅度提高供应保证能力的重要手段，是配送企业快速反应能力的具体化，也是企业配送能力的体现。即时配送成本较高，但它是整个配送合理化的重要保证手段。

8. 双向配送

配送企业与客户建立稳定、密切的协作关系，使配送企业不仅成为客户的供应代理人，而且成为客户的储存据点，甚至成为产品代销人。

思考与练习

1. 简述配送及配送中心的功能。
2. 配送中心合理化的措施主要有哪些?

第四节 包 装

一、包装的概念

包装是指为在流通过程中保护产品、方便储运、促进销售，按一定技术方法而采用的容器、材料和辅助物等的总体名称。也指为了达到上述目的而采用容器、材料和辅助物的过程中施加一定技术方法等的操作活动。

二、包装的功能

1. 保护功能

物品包装具有保护物品不受损伤的功能，它体现了包装的主要目的，具有包括以下几个方面：

(1) 防止物品的破损变形。为了防止物品的破损变形，物品包装必须承受在装卸、运输、保管等过程中受到冲击、振动、颠簸、压缩、摩擦等外力的作用而使物品免遭破损变形。

(2) 防止物品发生化学变化。为了防止物品发霉、变质、生锈等化学变化，物品包装必须能在一定程度上起到阻隔水分、光线以及空气中各种有害气体的作用，避免外界不良因素的影响。

(3) 防止有害生物对物品的影响。鼠、虫及其他有害生物对物品有很大的破坏性。包装封闭不严，会给细菌、虫类造成侵入之机，导致变质腐败。

(4) 防止异物流入。

2. 便利功能

物品包装具有便利流通、方便消费的功能。在物流的全过程中，物品所经过的流转环节，合理的包装会大大提高物流作业的效率和效果：

(1) 便利运输。包装的规格、形状、质量与物品运输关系密切。包装尺寸与运输车辆、船、飞机等运输工具的箱、仓容积的良好吻合性，可以方便运输，提高运输效率。

(2) 便利装卸。物品经过适当的包装后为装卸作业提供了方便，物品的包装便于各种装卸、搬运机械的使用，有利于提高装卸、搬运机械的生产效率。包装的规格尺寸标准化后为集合包装提供了条件，从而能极大地提高装载效率。

(3) 便利储存。从搬运、装卸角度上看，物品出、入库时，在包装的规格尺寸、质量、形态上适合仓库内的作业，为仓库提供了搬运、装卸的方便；从物品保管角度上看，物品的包装为保管工作提供了方便条件，便于维护物品本身原有使用价值。包装物的各种标志，使仓库的管理者易于识别，易于存取，易于盘点，有特殊要求的物品易于引起注意；从物品的验收角度上看，易于开包，便于重新打包的包装方式为验收提供了方便。包装的集合方法、定量性，对节约验收时间，加快验收速度也会起到十分重要的作用。

3. 促销功能

合理的包装有利于促进商品的销售。在商品交易中，促进物品销售的手段很多，其中包装的装潢设计占有重要地位，精美的包装能唤起人们的购买欲望。包装的外部形态是商品很好的宣传品，对顾客的购买有激励作用。

三、包装的类型

1. 销售包装

销售包装又称内包装，是直接接触商品并随商品进入零售网点，与消费者或客户直接见面的包装。

设计销售包装时，重点考虑的是包装的造型、结构和装潢。这种包装同时也具有一定的保护功能和方便功能。

2. 运输包装

运输包装是以满足运输储存要求为主要目的的包装。它具有保障产品的安全，方便储运装卸，加速交接、点验等作用。

运输包装又称工业包装、外包装，是以保护功能为主的包装。其主要功能是保护产品从完成其制造生产到进入消费之前，免受自然因素和人为因素的影响，这种包装还具有方便的功能。

想一想

在20世纪70年代，由于经济水平的限制，人们普遍注重商品本身的质量，而忽略产品的包装，如生产出来的玻璃、瓷器等均采用草绳、草袋包装，结果在运输过程中，破损严重。而今天，一些产品又过度地重视包装，如中秋礼品月饼。试分析包装在生产、经营、生活中的作用，谈谈你对包装的看法。

四、包装材料

包装材料是构成包装实体的主要物质。

1. 纸质包装材料

在包装材料中，纸的应用最为广泛，它的品种最多，消耗量也最大。由于纸具有价格低、质地细腻均匀、耐摩擦、耐冲击、容易黏合、不受温度影响、无毒、无味等优点，所以目前在世界范围内，纸质包装材料占包装材料的比重比其他包装材料都大。纸包装材料有纸袋、纸箱和瓦楞纸箱等。瓦楞纸具有成本低、质量轻、容易进行机械加工、容易回收复用等优点。瓦楞纸箱具有一定的刚性，具有较强的抗压、抗冲击能力，这为产品安全、完好地从生产者送到消费者所经历的储存、运输、装卸等活动提供了方便。因此，瓦楞纸箱是颇受欢迎的纸质包装材料。但是，纸的防潮、防湿性能较差，这是纸质包装材料的最大缺点。

2. 木制包装材料

木材作为包装材料的历史十分悠久，几乎所有的木材都可以作为包装材料，特别是作为物品的外包装材料，更显示出其抗压、抗震等优点。木材至今在包装材料中仍占有十分重要的地位。由于木材资源有限，所以木材作为包装材料前景不佳。同时，由于塑料、复合材料的发展，木材作为包装材料的比重在不断下降。木制包装材料一般有木箱、木桶、木笼等。

3. 草制包装材料

这是比较落后的包装材料，原材料来源是各种天然生的草类植物，将这些草类植物经过梳理，编织成诸如草席、蒲包、草袋等包装材料。草制包装由于其防水、防潮能力较差、强度很低等原因，在物流中的作用逐渐下降，有被淘汰的趋势。

4. 金属包装材料

把金属压制成薄片，用于物品包装的材料，通常有金属圆桶、白铁内罐、储气瓶、金属丝网等。目前，金属包装材料中，用量最大的是马口铁（镀锡薄钢板）和金属箔两大品种。

马口铁具有坚固、抗腐蚀、易进行机械加工、表面容易进行涂饰和印刷等优点，尤其用马口铁制作的容器具有防水、防潮、防污染等优点，所以，马口铁是较理想的包装材料。

金属箔是把金属压延成很薄的薄片，多用于食品包装，如糖果类、奶油、乳制品等的包装。目前，用金属箔和纸复合制成的包装材料具有广泛的用途。

5. 纤维包装材料

用各种纤维制作的袋状包装材料。天然的纤维材料有黄麻、红麻、大麻、青麻、罗布麻、棉花等；经工业加工提供的纤维材料有合成纤维、玻璃纤维等。

6. 陶瓷与玻璃包装材料

陶瓷与玻璃具有耐风化、不变形、耐热、耐酸、耐磨等优点，尤其适合各种液体物品的包装。陶瓷、玻璃制作的包装容器，容易洗刷、清毒、灭菌，能保持良好的清洁状态。同时，它们可以回收复用，有利于降低包装成本。然而，玻璃、陶瓷也有它们最大的弱点，即在超过一定的冲击力的作用下容易破碎。

7. 合成树脂包装材料

合成树脂包装材料也称塑料包装材料。是用合成树脂制作的各种塑料容器、塑料瓶、塑料袋和塑料箱等，它们在现代包装中所处的地位越来越重要。塑料包装材料有以下特性和优点：透明，对容器内包装的物品不必开封便一目了然；有适当的强度，可以保护商品的安全；有较好的防水、防潮、防霉等性能；有耐药剂、耐油性能；耐热、耐寒性能较好，对气候变化有一定的适应性；有较好的防污染能力，使包装的物质既安全又卫生；密封性能好等。合成树脂的品种超过千种，用于包装的材料主要有聚乙烯、聚丙烯、聚氯乙烯、聚苯乙烯、酚醛树脂、氨基塑料等十多种。

8. 复合包装材料

复合包装材料是将两种以上具有不同特性的材料复合在一起，以改进单一包装材料的性能，发挥包装材料更多的优点。常见的复合材料有三、四十种，使用最广泛的是塑料与玻璃纸复合；塑料同塑料复合；金属箔与塑料复合；金属箔、塑料、玻璃纸复合；纸张与塑料的复合等。

想一想

在日常生活中，家庭购买的液晶电视机、滚筒洗衣机采用哪些包装材料？而在工作学习中，所购买的笔记本计算机、打印机的墨辊等又是采用哪些包装材料？

五、包装容器

1. 包装袋

包装袋是柔性包装中的重要品种，材料是柔性材料，有较高的韧性、拉伸强度和耐磨性。包装袋广泛适用于运输包装、商业包装、内装、外装，因而使用较为方便。包装袋一般分成下述三种类型：

（1）集装袋。一种大容积的运输包装袋，盛装重量在 1 t 以上。适用于装运颗粒状、粉状的物品。

（2）一般运输包装袋。盛装质量在 0.5～100 kg 范围的包装袋，如麻袋、草袋、水泥袋等，主要包装粉状、粒状和个体小的物品。

（3）小型包装袋。盛装质量较少的包装袋，液状、粉状、块状和异形物等可采用这种包装。

2. 包装盒

包装盒是介于刚性和柔性包装两者之间的包装品种。包装材料有一定柔性，不易变形，有较高的压缩强度，刚性高于袋装材料。包装盒整体强度不大，包装量也不大，不适合做运输包装，适合做商业包装和内包装，用以包装块状及各种异形物品。

3. 包装箱

包装箱是刚性包装技术中的重要一类，包装材料为刚性或半刚性材料，有较高强度且不易变形。主要包装箱有瓦楞纸箱、木箱、塑料箱、集装箱等。

4. 包装瓶

包装瓶是瓶颈尺寸有较大差别的小型容器，是刚性包装中的一种。包装材料有较高的抗变形能力，刚性、韧性要求一般也较高。包装瓶包装量一般不大，适合美化装潢，主要做商业包装、内包装。主要包装液体、粉状货。

5. 包装罐

包装罐是罐身各处横截面形状大致相同、罐颈短、罐颈内径比罐身内径稍小或无罐颈的一种包装容器，是刚性包装的一种。包装材料强度较高，罐体抗变形能力强。包装操作是装填操作，然后将罐口封闭。包装罐主要有三种：

（1）小型包装罐。容量不大，一般做销售包装、内包装。

（2）中型包装罐。容量较大，一般做化工原材料、土特产的外包装，起运输包装作用。

（3）集装罐。是典型的运输包装，适合包装液体、粉状及颗粒状物品。

六、包装技术

1. 防震保护技术

防震包装又称缓冲包装，在各种包装方法中占有重要的地位。防震包装就是为减缓内装物受到冲击和震动，保护其免受损坏所采取的具有一定防护措施的包装。防震包装主要有三种方法：

（1）全面防震包装方法。即内装物和外包装之间全部用防震材料填满进行防震的包装方法。

（2）部分防震包装方法。即对于整体性好的产品和有内装容器的产品，仅在产品或内包装的拐角或局部地方使用防震材料进行衬垫的包装方法。

（3）悬浮式防震包装方法。即对于某些贵重易损的物品，为了有效地保证在流通过程中不被损坏，外包装容器比较坚固，然后用绳、带、弹簧等将被装物悬吊在包装容器内，而不与包装容器发生碰撞，从而减少损坏。

2. 防破损保护技术

（1）捆扎及裹紧技术。通过捆扎或裹紧，使杂货、散货形成一个牢固整体，以增加整体性，便于处理及防止散堆来减少破损。

（2）集装技术。即利用集装，减少与货体的接触，从而防止破损。

（3）选择高强保护材料。即通过外包装材料的高强度来防止内装物品受外力作用破损。

3. 防锈包装技术

（1）防锈油防锈包装技术。防锈油防锈包装技术就是将金属涂封防锈油而防止锈蚀的技术。

（2）气相防锈包装技术。即在密封包装容器中，使用气相缓蚀剂（挥发性缓蚀剂）对金属制品进行防锈处理的技术。在密封包装容器中，气相缓蚀剂在很短的时间内挥发或升华出的缓蚀气体就能充满整个容器的每个角落和缝隙，同时吸附在金属制品的表面上，从而起到抑制大气对金属锈蚀的作用。

4. 防霉腐包装技术

在装运食品和其他有机物品时，物品表面可能生长霉菌，在流通过程中如遇潮湿，霉菌生长繁殖极快，甚至延伸至物品内部，使其腐烂、发霉、变质，因此，要采取特别防护措施。防霉烂变质的措施，通常是采用冷冻包装、真空包装或高温灭菌方法。

5. 防虫包装技术

利用药物在包装中挥发出的气体杀灭和驱除各种害虫。常用驱虫剂有萘、对位二氯化苯、樟脑精等。也可采用真空包装、充气包装、脱氧包装等技术，使害虫无法生存。

6. 危险品包装技术

危险品即爆炸性物品、氧化剂、压缩气体和液化气体、自燃物品、遇水燃烧物品、易燃液体、易燃固体、毒害品、腐蚀性物品、放射性物品等。对于有毒物品的包装要明显地标明有毒的标志。防毒的主要要求是包装严密不漏、不透气。对有腐蚀性的物品，要注意物品和包装容器的材质不会发生化学变化。金属类的包装容器，要在容器壁涂上涂料，防止腐蚀性物品对容器的腐蚀。对于易自燃物品的包装，宜采取特殊包装方法。对于易燃、易爆物品，包装的有效方法是采用塑料桶包装，然后将塑料桶装入铁桶或木箱中，每件净重不超过50 kg，并应有自动放气的安全阀，当桶内达到一定气压时，能自动放气。

7. 特种包装技术

（1）充气包装。即采用二氧化碳或氮气等不活泼气体置换包装容器内的空气，也称为气体置换包装。

（2）真空包装。即将物品装入气密性容器后，在容器封口之前抽成真空，使密封后的容器内基本没有空气。

（3）收缩包装。即用收缩薄膜裹包物品（或内包装件），然后对薄膜进行适当加热处理，使薄膜收缩而紧贴于物品（或内包装件）。

（4）拉伸包装。由收缩包装发展而来的，依靠机械装置在常温下将弹性薄膜围绕被包装件拉伸、紧裹，并在其末端进行封合。

（5）脱氧包装。继真空包装和充气包装之后出现的一种新型除氧包装方法，是在密封的包装容器中，使用能与氧气起化学作用的脱氧剂与之反应，从而除去包装容器中的氧气，以达到保护内装物的目的。

七、包装标准化及合理化

1. 包装标准化

包装标准化是对产品的包装类型、规格、容量、使用的包装材料、包装容器和结构造型、印刷标志及产品的盛入、衬垫、封装方式、名词术语、检验要求等加以统一规定，并贯彻实施的政策和技术措施。实施包装标准化可以提高包装生产率；便于识别、使用和计量；节约包装材料，降低包装成本；保证包装质量，保护产品安全；有利于产品走向国际市场；有利于包装的回收复用。

2. 包装合理化

包装合理化既包括包装总体的合理化，也包括包装材料、包装技术、包装方式的合理组合及运用。要做好包装合理化工作，应从以下三方面着手：

（1）防止包装不足。包装不足是指包装强度不足，包装材料水平不足，包装容器的层次及容积不足，包装成本过于低下，而不能保证有效的包装。

（2）防止包装过剩。包装过剩是指包装物强度设计过高，包装材料选择过高，包装技术过高，包装层次过多，包装体积过大，包装成本过高。

（3）确定最优包装。由于物流诸因素是可变的，包装也是不断发生变化的。确定包装形式，选择包装方法，都要与物流诸因素的变化相适应。确定包装的主要因素有三个：一是装卸搬运。在确定包装时，必须对该种产品的装卸搬运手段、方法有所了解，使包装形式、包装方法与之相适应；二是保管。在确定包装时，必须对保管的条件和方式有所了解。例如，采用高垛就要求包装有很高的强度，否则就会压坏物品。如果采用低垛或料架保管，包装的强度就可以相应降低，以节约资源和费用；三是运输。输送工具类型、输送距离长短、道路情况如何都对包装有影响。例如，道路情况比较好的短距离汽车输送，就可以采用轻便的包装；而同一种产品，如果进行长距离的车船联运，就要求采用严密、厚实的包装。

思考与练习

1. 包装的主要功能有哪些？

2. 简述不同类型的包装技术及其特点。

3. 针对日用物品，采用不同的包装材料和包装容器，进行一次调研，拍成图片，分组进行演示交流。

第五节　装卸搬运

一、装卸搬运的概念

物品在指定地点以人力或机械装入运输设备或卸下称为装卸；在同一场所内，对物品进行水平移动为主的物流作业称为搬运。两者全称装卸搬运。有时候或在特定场合，单称“装卸”或单称“搬运”也包含了“装卸搬运”的完整含义。

在物流过程中，装卸活动是不断出现和反复进行的，它出现的频率高于其他各项物流活动，每次装卸活动所消耗的人力也很多，所以，装卸费用在物流成本中所占的比重也较高。以我国为例，铁路运输的始发和到达的装卸作业费占运费的20%，搬运约占40%。据我国统计，火车货运以500 km为分界点，运距超过500 km，运输在途时间多于起止的装卸时间；运距低于500 km，装卸时间则超过实际运输时间。为提高物流速度、降低物流成本、减少物流过程损耗，应加强对装卸搬运的组织设计和搬运机械的操作管理。

二、装卸作业

主要指物料在短距离范围内的移动、堆垛、拣货、分选等作业。按作业内容可分为以下四类：

1. 装货卸货作业

向卡车、火车、船舶、飞机等运输工具上装货，以及从这些运输工具上卸货的活动。

2. 搬运移送作业

对物品进行短距离的移动活动，包括水平、垂直、斜行搬运或由这几种方式组合在一起的搬运移送活动。

3. 堆垛拆垛作业

堆垛是把物品从预先放置的场所移送到运输工具或仓库内的指定位置，再按要求的位置和形状放置物品的作业活动。拆垛与堆垛是相反的作业活动。

4. 分拣配货作业

分拣是在堆垛、拆垛作业前后或配货作业之前发生的作业。把物品按品种、出入库先后顺序进行分类整理，再分别放到规定位置的作业活动。配货包括把物品从所定位置，按品种、下一道作业的内容和发货对象整理分类所进行的堆放拆垛作业。

三、装卸的类别

1. 根据方法手段分类

（1）人力装卸。用人工进行装卸。

（2）机械装卸。利用装卸机械进行装卸。机械装卸如图2—5—1所示。

2. 根据被装卸物品分类

（1）普通物品装卸。是指普通包装物或单件物品装卸，又分为单件处置和集装处理。前者是指将物料一个一个地进行装卸，如传送带装卸纸盒包装物；后者是指将物品汇集成一定规模，集中装在集装箱或托盘中进行处理。

（2）散货装卸。是指对谷物等颗粒体进行无包装处理的装卸。

图 2—5—1　机械装卸

3. 根据场所分类

(1) 集散装卸。是与公路运输有关的装卸。

(2) 车站装卸。是与铁路运输有关的装卸。

(3) 仓库装卸。是与仓库保管有关的装卸。

(3) 港湾装卸。是与水运有关的装卸。

(4) 工厂内装卸。是生产过程中的装卸。

(5) 其他装卸。在货主院内的装卸等。

四、装卸方法

1. 单件作业法

单件作业法是指逐件装卸搬运的人工方法，主要适用于三种情况：一是某些物品出于它本身特有的属性，采用单件作业法有利于安全；二是在某些装卸搬运场所，没有或难以设置装卸机械；三是某些物品体积过大，形状特殊。

2. 重力作业法

利用货物的位能来完成装卸作业的方法，如重力法卸车。

3. 倾翻作业法

将运载工具载货部分倾翻而将货物卸出的方法。

4. 集装作业法

将物品先进行集装，再对集装件进行装卸搬运的方法。主要包括集装箱作业法、托盘作业法、滑板作业法等。

5. 机械作业法

采用各种机械，采用专门的工作机构，通过舀、抓、铲等作业方式，达到装卸搬运的目的。

6. 气力输送法

利用风机在气力输运机的管道内形成单向气流，依靠气体的流动或气压差来输送货物的方法。

7. 人力作业法

完全依靠人力和人工，使用无动力机械来完成装卸搬运的方法。

8. 间歇作业法

在两次作业中存在一个空程准备过程的作业方法，包括重程和空程两个阶段，如门式和桥式起重机作业。

9. 连续作业法

在装卸过程中，设备不停作业，物品可持续不断地实现装卸作业的方法，如带式输送机、链头装载作业。

五、装卸搬运的合理化

1. 防止无效装卸

无效装卸是指消耗于有用物品必要装卸劳动之外的多余装卸劳动。一般装卸操作中，无效装卸具体反映在以下几方面：

（1）过多的装卸次数。物流过程中，货损发生的主要环节是装卸环节，过多的装卸次数必然增加损失；从发生的费用来看，一次装卸的费用相当于几十千米的运输费用，因此，每增加一次装卸，费用就会有较大比例的增加。此外，装卸又是降低物流速度的重要因素。

（2）过大的包装装卸。包装过大、过重，就会在装卸时消耗较大的不必要的劳动。

（3）无效物质的装卸。进入物流过程的货物，有时混杂着没有使用价值或对客户来讲使用价值不对路的各种掺杂物，如煤炭中的矸石、矿石中的表面水分、石灰中的未烧熟石灰及过烧石灰等。在反复装卸时，实际对这些无效物质反复消耗劳动，因而形成无效装卸。

2. 充分利用重力和消除重力影响，进行少消耗的装卸

在装卸时应考虑重力因素，可以利用货物本身的重量，进行有一定落差的装卸，以减少或根本不消耗装卸的动力，这是合理化装卸的重要方式。例如，从汽车、铁路货车卸物时，利用卡车与地面或小搬运车之间的高度差，使用溜槽、溜板之类的简单工具，可以依靠货物本身重量，从高处自动滑到低处，这就不需消耗动力。

在装卸时尽量消除或削弱重力的影响，也会求得减轻体力劳动及其他劳动消耗的合理性。例如，在进行两种运输工具的换装时，可以采取落地装卸方式，即将货物从甲工具卸下并放到地上。一定时间，或搬运一定距离之后再从地上装到乙工具之上，这样在装物时，要将货物举高，这就必须消耗改变位能的动力。如果进行适当安排，将甲、乙两工具进行靠接，从而使货物平移，从甲工具转移到乙工具上，这就能有效消除重力影响，实现合理化。

3. 充分利用机械，实现“规模装卸”

为了降低单位装卸工作量的成本，对装卸机械来讲，也有规模问题，装卸机械的能力达到一定规模，才会有最优效果。追求规模效益的方法，主要是通过各种集装实现间断装卸时一次操作的最合理装卸量，从而使单位装卸成本降低，也通过散装实现连续装卸的规模效益，图 2—5—2 所示为机械化装船作业。

4. 提高装卸搬运活性

装卸搬运活性是指从物的静止状态转变为装卸搬运运动状态的难易程度，即物品进行装

图 2—5—2　机械化装船作业

卸搬运作业的方便性。如果很容易转变为下一步的装卸搬运而不需过多做装卸搬运前的准备工作，则活性就高。为提高装卸搬运活性，应把它们整理成堆或是包装成单件放在托盘上，或是放在车上，或是放在运输机上。由于装卸搬运是在物流过程中反复进行的活动，因而其速度可能决定整个物流的速度，每次装卸搬运的时间虽短，多次装卸搬运的累计效果则十分可观。因此，提高装卸搬运活性是装卸合理化的重要因素。活性指数分为 0～4 共 5 个等级，见表 2—5—1，示意图如图 2—5—3 所示。

表 2—5—1　　**装卸搬运活性指数**

放置状态	需要进行的作业				活性指数
	整理	架起	提起	托运	
散放地上	√	√	√	√	0
置于一般容器	0	√	√	√	1
集装化	0	0	√	√	2
无动力车	0	0	0	√	3
动力车辆或传送带	0	0	0	0	4

知识链接

“六无须改善法”

日本物流界从工业工程的观点出发，总结出改善物流作业效率的“六无须改善法”，具体内容如下：

1. 无须等——闲置时间为零。通过正确安排作业流程和作业量，使作业人员和作业机械能连续工作，不发生闲置现象。

2. 无须碰——与物品接触为零。通过利用机械化、自动化物流设备进行物流装卸、搬

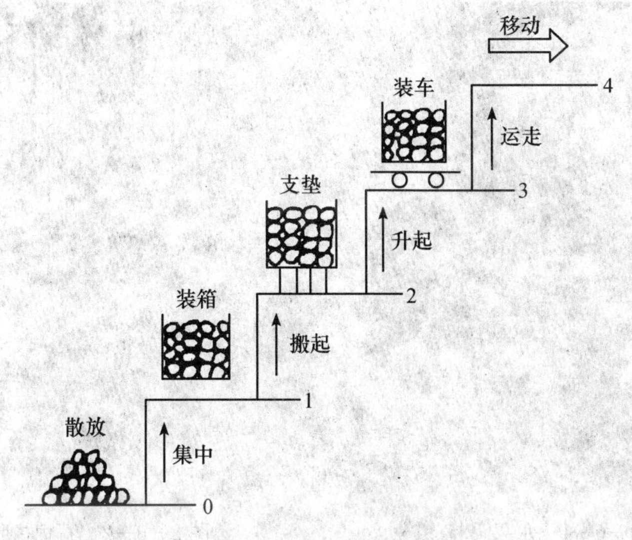

图 2—5—3　装卸搬运活性指数

运、分拣等作业，使作业人员在从事物流装卸、搬运、分拣等作业时，尽量不直接接触物品，以减轻劳动强度。

3. 无须动——缩短移动距离和次数。通过优化仓库内的物品摆放位置和采用自动化搬运工具，减少物品和人员的移动距离和次数。

4. 无须想——操作简便。按照专业化、简单化和标准化的原则进行分解作业活动和作业流程，并应用计算机等现代化手段，使物流作业的操作简便化。

5. 无须找——整理整顿。即通过作业现场管理，使作业现场工具和物品放置在一目了然的地方。

6. 无须写——无纸化。即通过应用条形码技术、信息技术等，使作业记录自动化。

思考与练习

1. 装卸搬运的主要操作方法有哪些？
2. 装卸搬运合理化的措施主要有哪些？

第六节　流通加工

一、流通加工的概念

流通加工是流通过程中的加工活动，是为了方便流通、方便运输、方便储存、方便销售、方便客户以及物资充分利用、综合利用而进行的加工活动。流通加工创造物流的形质效应如图 2—6—1、图 2—6—2、图 2—6—3 所示分别为水果的分拣、石棉橡胶板的开张成型加工、钢板的流通加工。

图 2—6—1　水果分拣

图 2—6—2　石棉橡胶板的开张成型加工

图 2—6—3　钢板的流通加工

流通加工和一般生产加工相比较，在加工方法、加工组织、生产管理方面无显著区别，但在加工对象、加工程度方面差别较大，其差别主要表现在：

1. 加工对象不同

流通加工的对象是进入流通过程的商品，具有商品的属性。而生产加工对象不是最终产品，而是原材料、零配件及半成品。

2. 加工内容不同

流通加工大多是简单加工，主要是解包分包、裁剪分割、组配集合、废物再生利用等。而生产加工一般是复杂加工。

3. **加工目的不同**

流通加工的目的主要是在完善使用价值的基础上提高价值，而生产加工的目的在于创造商品的使用价值，使它们能成为人们所需要的商品。

4. **所处领域不同**

流通加工处在流通领域，由流通企业完成。而生产加工处在生产领域，由生产企业完成。

二、流通加工的作用

1. **提高原材料利用率**

利用流通加工环节进行集中下料，是将生产厂直接运来的简单规格产品，按使用部门的要求进行下料。例如，将钢板进行剪板、切裁；将钢筋或圆钢裁制成毛坯；将木材加工成各种长度及大小的板、方等。集中下料可以优材优用、小材大用、合理套裁，有很好的技术经济效果。

2. **进行初级加工，方便客户**

用量小或临时需要的客户，缺乏进行高效率初级加工的能力，依靠流通加工可使客户省去进行初级加工的投资、设备及人力，从而搞活供应，方便客户。如将水泥加工成生混凝土，将原木或板方材加工成门窗，将冷拉钢筋、冲制异形零件、钢板进行预处理、整形、打孔等加工。

3. **提高加工效率及设备利用率**

由于建立集中加工点，采用效率高、技术先进、加工量大的专门机具和设备。可以提高加工质量，提高设备利用率，提高加工效率，从而降低加工费用及原材料成本。

4. **充分发挥各种输送手段的最高效率**

流通加工环节将实物的流通分成两个阶段。即产品从生产厂到流通加工阶段、流通加工到消费环节阶段。一般说来，由于流通加工环节设置在消费地，因此，从生产厂到流通加工这第一阶段输送距离长，而从流通加工到消费环节的第二阶段距离短。第一阶段是在数量有限的生产厂与流通加工点之间进行定点、直达、大批量的远距离输送，因此，可以采用船舶、火车等大量输送的手段；第二阶段则是利用汽车和其他小型车辆来输送经过流通加工后的多规格、小批量、多用户的产品。这样可以充分发挥各种输送手段的最高效率，加快输送速度，节省运力运费。

5. **改变功能，提高收益**

在流通过程中进行一些改变产品某些功能的简单加工，其目的除上述几点外，还在于提高产品销售的经济效益。例如，我国许多制成品在深圳进行简单的装潢加工，改变了产品外观功能，仅此一项就可使产品售价提高 20%以上。

流通加工的作用表明，在物流领域中，流通加工可以成为高附加价值的活动。这种高附加价值的形成，主要着眼于满足客户的需要，提高服务质量而取得的，是贯彻物流战略思想的表现，是一种低投入、高产出的加工形式。

三、流通加工的类型

流通加工按不同的目的可以有多种类型，见表 2—6—1。

表 2—6—1 流通加工的类型

流通加工的类型	流通加工的内容举例
以保存为目的的流通加工	冷冻、防腐、防虫、防霉、喷漆、除锈、防干裂、防潮等加工
为适应多样化需要的流通加工	分拆包装，钢材卷板的舒展、剪切，木材改制、平板玻璃的开片加工等
为方便消费、省力的流通加工	将钢材定尺、定型，按要求下料；将木材制成可直接投入使用的各种型材；水泥制成混凝土拌合料
为提高产品利用率的流通加工	钢材的集中下料可充分进行合理下料、搭配套裁、减少边角余料，从而达到加工效率高、加工费用低的目的
为提高物流效率、降低物流损失的流通加工	自行车在消费地区的装配加工可防止整车运输的低效率和高损失；造纸用木材磨成木屑的流通加工；石油气的液化加工，使很难输送的气态物转变为容易输送的液态物等
为衔接不同输送方式、使物流更加合理的流通加工	散装水泥中转仓库把散装水泥装袋，将大规模散装水泥转化为小规模散装水泥的流通加工，就衔接了水泥厂大批量运输和工地小批量装运的需要
为实现配送进行的流通加工	混凝土搅拌车可根据客户的要求，把沙子、水泥、石子、水等各种不同材料按比例要求装入可旋转的罐中。在配送路途中，汽车边行驶边搅拌，到达施工现场后，混凝土已经均匀搅拌好，可直接投入使用

四、流通加工的合理化

1. 加工和配送相结合

这是将流通加工设置在配送点中，按配送的需要进行加工，加工又是配送业务流程中分货、拣货、配货的环节，加工后的产品直接投入配货作业，这就无须单独设置一个加工的中间环节，使流通加工有别于独立的生产，而使流通加工与中转流通巧妙结合在一起。同时，由于配送之前有加工，可使配送服务水平大大提高。这是当前流通加工合理化的重要形式，在煤炭、水泥等产品的流通中已表现出较大的优势。

2. 加工和配套相结合

在对配套要求较高的流通中，配套的主体来自各生产单位，但是，完全配套有时无法全部依靠现有的生产单位，进行适当的流通加工，可以有效促成配套，大大提高流通作为桥梁与纽带的能力。

3. 加工和合理运输相结合

流通加工能有效衔接干线运输与支线运输，促进两种运输形式的合理化。利用流通加工，在支线运输转干线运输或干线运输转支线运输的环节，不进行一般的支转干或干转支，而是按干线或支线运输的合理要求进行适当加工，从而大大提高运输及运输转载水平。

4. 加工和合理商流相结合

通过流通加工有效促进销售，使商流合理化，也是流通加工合理化的考虑方向之一。加工和配送的结合，通过加工提高了配送水平，强化了销售，是加工与合理商流相结合的一个成功的例证。此外，通过简单改变包装加工，形成方便的购买量，通过组装加工消除客户使用前进行组装、调试的困难，都是有效地促进商流的例子。

5. 加工和节约相结合

节约能源、节约设备、节约人力、节约耗费是流通加工合理化的重要考虑因素，也是目前我国设置流通加工、考虑其合理化的较普遍形式。

思考与练习

1. 流通加工的主要作用有哪些？它和生产加工有哪些区别？

2. 对生鲜食品的流通加工进行一次调研，以某一种产品为例，阐述其流通加工的方式和目的。

3. 流通加工的合理化措施有哪些？

4. 就为实现配送而进行的流通加工进行举例分析。

5. 日本电视剧《阿信》中有这样的镜头，阿信了解到日本在战后因为经济发展，使得人们工作和生活的频率加快，人们没有更多的时间做饭。于是阿信卖蔬菜的商店想出了一个办法，把所经营的蔬菜洗净、切好、分包，变成半成品菜，物美价廉，大大方便了消费者，深受消费者欢迎，于是菜店的销量大增。请你到超市做一次调研，就食品的流通加工写出一篇调查报告。

第七节 物流信息

一、物流信息的定义

物流信息是指反映物流各种活动内容的知识、资料、图像、数据、文件的总称。

从狭义来看，物流信息是指与物流活动（如运输、仓储、包装、装卸、流通加工等）有关的信息。在物流活动的管理与决策中，运输工具的选择，运输路线的确定，每次运送批量的确定，货物的跟踪，仓库的有效利用，最佳库存数量的确定，订单管理，顾客服务等都需要详细和准确的物流信息。信息对这些活动具有支持保证的功能。

从广义来看，物流信息不仅指与物流活动有关的信息，而且包括与其活动相关的其他信息，如商品交易信息和市场信息等。广义的物流信息不仅能起到连接生产厂家、批发商和零售商到消费者的整个供应链的作用，而且在应用现代信息技术的基础上能提高整个供应链活动的效率。

二、物流信息和商流信息的关系

在流通过程中存在“四流”，即商流、物流、信息流和资金流。它们既相互区别又相互联系，它们融合在同一个流通过程中，但彼此又有着独立的运动形式和客观规律。

信息流产生于商流和物流活动中，并为商流和物流活动服务。信息流是商流和物流活动的描述和记录，反映商流和物流的运动过程。信息流对商流和物流活动起着引导和控制作用，为商流和物流活动提供决策依据。

在商流、物流和信息流三者之间，信息流是导向，商流是前提，物流是基础。信息流既制约商流，又制约物流，并且将商流和物流联系起来，完成商品流通全过程。

物流信息主要是物资数量、物流空间及方向、物流管理等信息；商流信息主要是与商业交易有关的信息，如物价信息、货源信息、合同信息、市场信息等。商流中交易、合同等信息，不但提供了交易的结果，也提供了物流的依据，是两种信息流的主要交汇处。物流信息中的库存量信息，不但是物流的结果，也是商流的依据，是两种信息流的交汇处。

三、物流信息的特点

物流信息除了具备一般信息的基本属性（如大量性、事实性、等级性、可压缩性、扩散性、传输性、分享性、增值性、转换性等）之外，作为一个新兴的行业，物流信息还具有以下特点：

1. 自动化

物流自动化设施非常多，如条码、语言、射频自动识别系统、自动分拣系统、自动存取系统、自动导车、货物自动跟踪系统等。自动生成很多物流信息。

2. 网络化

随着物流活动中的计算机网络系统的建立和电子商务的发展，物流信息的处理越来越体现出网络化的特点。物流配送中心与供应商、制造商及顾客之间的联系是通过物流配送系统的计算机通信网络实现的。如物流配送中心向供应商提出的订单，就是使用计算机通信方式，借助网上的电子订货系统和电子交换技术来自动实现的。物流配送中心还可以通过计算机网络处理下游客户的订单。

3. 智能化

物流管理过程中有大量运筹与决策工作，如库存水平的确定、运输或搬运路径的选择、自动导向车的运行轨迹、自动仓库中出入库库位的选择等。

4. 再生化

物流信息在物流管理过程中可以被不断地扩充和再生。整个物流过程中的数据经过整理、分析、加工得到的信息，再经过联想、推理、演绎得出一些有用的结论，从而产生二次信息。同时，通过对物流信息的分析，将历史信息与现状结合起来，可以预测未来的物流动向，产生出三次信息。不断利用物流信息的再生性，可以帮助物流管理者提高物流管理的效率与决策水平。

四、物流信息系统的目标

物流信息系统是以计算机软硬件、网络通信和其他现代信息技术为技术基础，以降低经营成本、提高企业效率和效益、增强企业核心竞争力为目的，进行物流信息收集、存储、加工、更新维护、输入、输出和传输的集成化人机系统。其目标主要包括：实现货物跟踪，依据信息跟踪系统对货物的位置、状态，何时到达等进行跟踪，使货主对自己的货物动态了如指掌；实现库存的合理化，依靠计算机技术和严密的库存管理，压缩库存，防止积压或脱销；调节需求和供给，物流企业把订货信息和库存信息，及时反馈给生产计划、生产活动、需求预测等部门，使生产、物流、销售形成一系列的连贯活动，以提高工作效率；采取有效措施，尽可能缩短从订货到发货的时间；提高运输效率和装卸作业效率。提高作业的精确度，控制错发货、错配货、漏配送，减少事故发生；实现物流合理化，降低物流总成本。

五、物流信息技术

1. 电子商务技术

（1）电子商务的含义。“电子商务”顾名思义，其内容包含两个方面：一是电子方式；二是商务活动。电子商务是指通过网络以电子数据流的方式在全世界范围内进行并完成的各种商务活动、交易活动、金融活动和相关的综合服务活动。就其本质而言，仍然是“商务”，其核心仍然是商品的交换。与传统商务活动的差别主要体现在商务活动的形式和手段上。

从贸易活动的角度分析，电子商务可以在多个环节实现，由此也可以将电子商务分为两个层次。较低层次的电子商务如电子商情、电子贸易、电子合同等；而最完整的也是最高级的电子商务应该是利用网络能够进行全部的贸易活动，即在网上将信息流、商流、资金流和部分的物流完整地实现。也就是说，可以从寻找客户开始，一直到洽谈、订货、在线付（收）款、电子发票以至到电子报关、电子纳税等，通过网络一气呵成。

（2）电子商务的交易模式。电子商务的交易模式见表2—7—1。

表2—7—1　　电子商务的交易模式

模式	含义	说明
B2B	企业与企业之间的电子商务	如企业之间的商务往来
B2C	企业与消费者之间的电子商务	如网上购物
B2G	企业与政府之间的电子商务	如政府采购等
C2G	消费者与政府之间的电子商务	如福利发放与税款征收
C2C	消费者与消费者之间的电子商务	如网上商品拍卖

2. 数据库技术

实现物流信息化管理，开发物流管理信息系统，必须以数据库技术作为主要支撑技术。数据库系统的功能和技术水平往往决定着整个信息系统的功能和效率。

数据库技术是一个总称，它包括数据库、数据库管理系统、数据库系统三个部分。

（1）数据库。是长期存储在计算机内、有组织、可共享的数据集合。数据库中的数据按一定的数据模型组织、描述、存储，具有较小的冗余度、较高的数据描述独立性和易扩展性，并可为各种用户共享。

（2）数据库管理系统。是位于用户与操作系统之间的一层数据管理软件，是数据库系统的一个重要组成部分。它的主要功能包括数据定义功能、数据操作功能、数据库的运行管理功能、数据库的建立和维护功能。

（3）数据库系统。是指在计算机系统中引入数据库后的系统，一般由数据库、数据库管理系统（及其开发工具）、应用系统、数据库管理员和用户构成。

3. 条形码技术

条形码是由一组规则排列的条、空及字符组成的，用以表示一定信息的代码。在流通和物流活动中，为了能够迅速准确地识别商品、自动读取有关商品的信息，条形码技术被广泛运用。条形码是有关生产厂商、批发商、零售商、运输业者等经济实体进行订货和接受订货、销售、运输、保管、出入库检验等活动的信息源。由于在活动发生时点能及时自动读取信息，因此，便于及时捕捉到消费者的需要、提高商品销售效果，也有利于促进物流系统提高效率。

（1）条形码的分类。条形码主要包括商品条形码和物流条形码。

1）商品条形码。以直接向消费者销售的商品为对象、以单个商品为单位使用的条形码。它由13位数字组成，最前面的两位数字表示国家或地区的代码，中国的代码是69，接着的5位数字表示生产厂商的代码，其后的5位数字表示商品品种的代码，最后1位数字用来防机器发生误读错误。例如，商品条形码6902952880041中，69代表中国，02952代表贵州茅台酒厂，88004代表53%（v/v）106PROOF、500 mL的白酒。

2）物流条形码。物流过程中的以商品为对象、以包装商品为单位使用的条形码。标准物流条形码由14位数字组成，除了第1位以外，其他位数字代表的意义与商品条形码的相同。物流条形码第1位数表示物流识别代码，在物流识别代码中1代表集合包装容器装6瓶酒；2代表装24瓶酒。例如，物流条形码26902952880041代表该包装容器装有中国贵州茅台酒厂的白酒24瓶。

商品条形码与物流条形码的比较见表2—7—2。

表2—7—2　　商品条形码和物流条形码的比较

	应用对象	数字构成	包装形状	应用领域
商品条形码	向消费者销售的商品	13位数字	单个商品包装	销售信息系统、补充订货管理
物流条形码	物流过程中的商品	14位数字	集合包装	出入库管理、运输保管分拣管理

（2）条形码识别装置。识别条形码所采用的各种光电扫描设备，包括：

1）光笔扫描器。似笔形的手持小型扫描器。

2）台式扫描器。固定的扫描装置，手持带有条形码的卡片或证件在扫描器上移动，完成扫描。

3）手持式扫描器。能手持使用和移动使用的较大的扫描器，用于静态物品扫描。

4）定式光电及激光快速扫描器。由光学扫描器和光电转换器组成，是现在物流领域应用较多的固定式扫描设备，安装在物品运动的通道边，对物品进行逐个扫描。

各种扫描设备都和后续的光电转换、信息信号放大及与计算机联机形成完整的扫描阅读系统，完成了电子信息的采集。

（3）条形码的应用。条形码技术在物流中有较为广泛的应用，主要在以下几个方面：

1）销售信息系统。在商品上贴上条形码就能快速、准确地利用计算机进行销售和配送管理。其过程为：对销售商品进行结算时，通过光电扫描读取并将信息输入计算机，然后输进收款机，收款后开出收据。同时，通过计算机处理，掌握进、销、存的数据。

2）库存系统。在库存物品上应用条形码技术，尤其是规格包装、集装、托盘货物上，入库时自动扫描并输入计算机，由计算机处理后形成库存的信息，并输出入库区位、货架、货位的指令，出库程序则和POS系统条形码应用一样。

3）分货拣选系统。在配送方式和仓库出货时，采用分货、拣选方式，需要快速处理大量的货物，利用条形码技术便可自动进行分货拣选，并实现有关的管理。其过程如下：一个配送中心接到若干个配送订货要求，将若干订货汇总，每一品种汇总成批后，按批发出所在条形码的拣货标签，拣货人员到库中将标签贴于每件商品上并取出，再用自动分拣机分货，分货机始端的扫描器对分货机上处于运动状态的货物扫描，一方面确认所拣出货物是否正确，另一方面识读货物条形码上的用户标记，指令商品在确定的分支分流，到达各用户的配送货位，完成分货拣选作业。

4. 射频识别技术

射频识别技术，简称 RFID，是指利用射频信号及其空间耦合和传输特性进行非接触双向通信、实现对静止或移动物体的自动识别，并进行数据交换的一项自动识别技术，如图 2—7—1 所示。

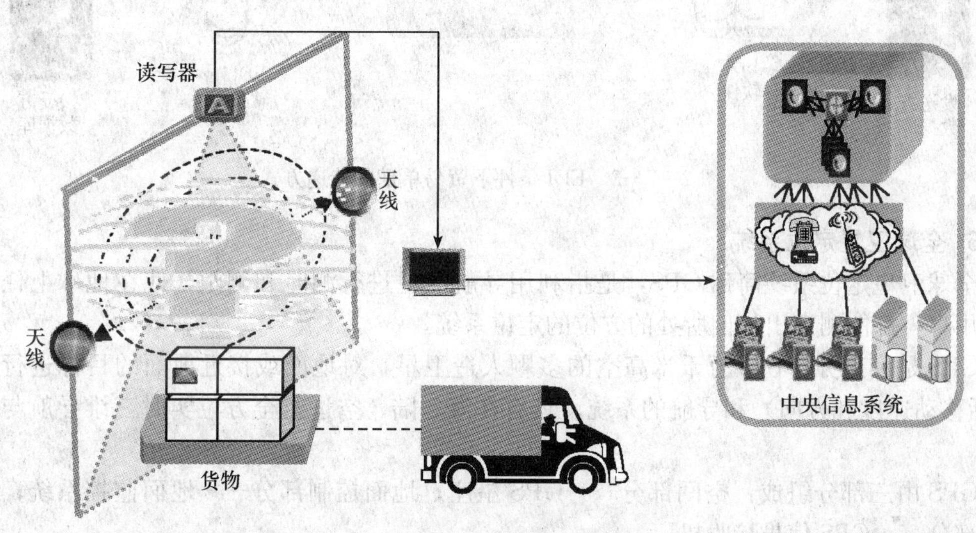

图 2—7—1　RFID 的工作原理

自 2004 年起，全球范围内掀起了一场无线射频识别技术的热潮，包括沃尔玛、宝洁、波音公司在内的商业巨头无不积极推动 RFID 在制造、物流、零售、交通等行业的应用。RFID 技术无须直接接触、无须光学可视、无须人工干预即可完成信息输入和处理，且操作方便快捷，能够广泛应用于生产、物流、交通、运输、医疗、防伪、跟踪、设备和资产管理等需要收集和处理数据的领域。

5. 电子数据交换技术

电子数据交换技术，简称 EDI，是指通过电子方式，采用标准化的格式，利用计算机网络进行结构化数据的传输和交换。它是一种在企业之间传输订单、发票等作业文件的电子化手段。它通过计算机通信网络将贸易、运输、保险、银行和海关等行业信息，用一种国际公认的标准格式，实现各有关部门或企业与企业之间的数据交换与处理，并完成以贸易为中心的全部过程。由于使用 EDI 可以减少甚至消除贸易过程中的纸面文件，因此，EDI 又被人们称为“无纸贸易”。

一般来说，EDI 系统由四个方面构成：一是关于信息传输方式的规定；二是关于信息表示方式的确定；三是关于系统运行操作的规定；四是关于交易业务的确定。这些规定称为议定书，是利用 EDI 系统所达成的各方共识。

图 2—7—2 表示了国际贸易中的 EDI 系统。从图中我们可以很直观地看到，一个真正的 EDI 系统是将订单、发货、报关、商检和银行结算合成一体，从而大大加速了贸易的全过程。

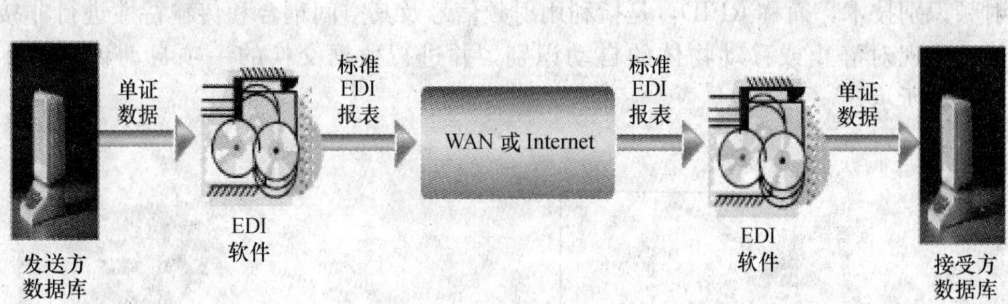

图 2—7—2　EDI 条件下贸易单证的传递方式

6. 全球卫星定位系统

全球卫星定位系统简称 GPS，是指利用导航卫星进行测时和测距，使在地球上任何地方的用户，都能测定出他们所处的方位的定位系统。

GPS 是利用分布在 2 万千米高空的多颗人造卫星，对地面或接近地面的目标进行定位（包括移动速度和方向）和导航的系统。具有在海、陆、空进行全方位实时三维导航与定位能力。

GPS 由三部分组成：空间部分——GPS 星座；地面控制部分——地面监控系统；用户设备部分——GPS 信号接收机。

GPS 在物流领域的应用越来越多，主要有：

（1）用于汽车自定位、跟踪调度，如图 2—7—3 所示。

（2）用于内河及远洋船队最佳航程和安全航线的测定、航向的实时调度、监测及水上救援。

（3）用于铁路运输管理。我国铁路开发的基于 GPS 的计算机管理信息系统，可以通过 GPS 和计算机网络实时收集全路列车、机车、车辆、集装箱及所运货物的动态信息，可实现列车、货物追踪管理。只要知道货车的车种、车型、车号，就可以立即从近 10 万千米的铁路网上流动着的几十万辆货车中找到该货车，还可得知这辆货车现在何处运行或停在何处，以及所有的车载货物发货信息。铁路部门运用这项技术可大大提高其路网及其运营的透明度，为货主提供更高质量的服务。

（4）用于空中交通管理、精密进场着陆、航路导航和监视。它是一个以卫星技术为基础的航空通信、导航、监视和空中交通管理系统，它利用全球导航卫星系统实现飞机航路、终端和进场导航。

（5）用于军事物流。GPS 首先是因为军事目的而建立的，在军事物流中，如后勤装备的保障等方面，应用相当普遍。

7. 地理信息系统

地理信息系统简称 GIS，是由计算机软硬件环境、地理空间数据、系统维护和使用人员

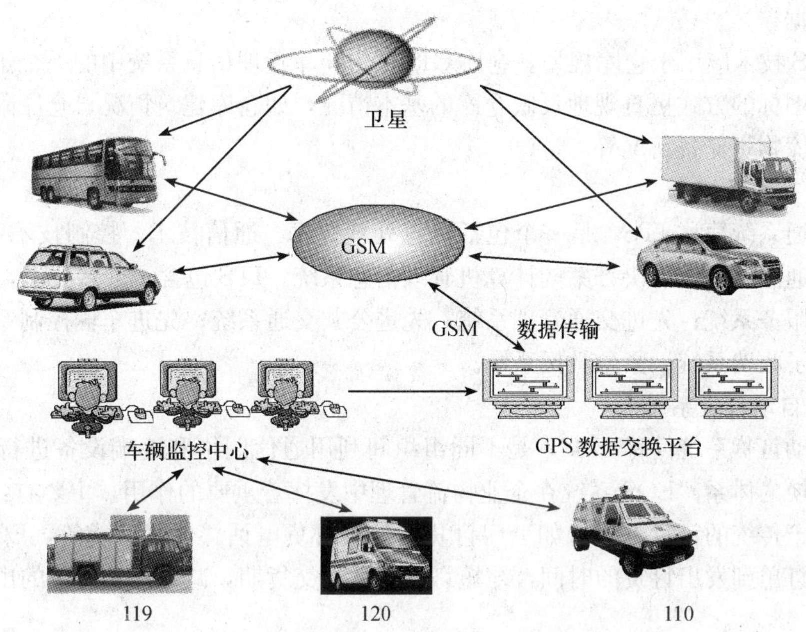

图 2—7—3　汽车定位、跟踪

四部分组成的空间信息系统。该系统可对整个或部分地球表层（包括大气层）空间中有关地理分布数据进行采集、储存、管理、运算、分析、显示和描述。

地理信息系统是一种基于计算机，能把图形管理系统和数据管理系统有机结合起来，对各种空间信息进行收集、存储、分析的工具，是地理学、计算机科学、测绘遥感学、城市科学、环境科学、信息科学、空间科学、管理科学等多种学科交叉的产物。地理信息系统可以对在地球上存在的东西和发生的事件进行成图和分析。GIS 技术把地图这种独特的视觉化效果和地理分析功能与一般的数据库操作（如查询、统计分析等）集成在一起。

GIS 的用途十分广泛，可用于交通、能源、农林、水利、测绘、地矿、环境、航空、国土资源综合利用和物流等方面。GIS 技术在物流领域中的应用，主要有：

（1）物流分析。一个完整的 GIS 物流分析软件集成了车辆路线模型、最短路径模型、网络物流模型、分配集合模型和设施定位模型等。利用 GIS 为物流分析提供专门分析的工具软件，可实现对车辆路线、最短路径、物流网络、设施选址等方面的分析，以便从中找出最优方案。

（2）GIS 技术应用于运输工具的定位。通过 GIS 信息系统，在计算机屏幕上可以实时显示车辆或船舶的速度信息、运动方向信息、地理位置信息等，而且显示精度比较高，基本上能准确地对运输工具进行定位。

（3）GIS 技术应用于环境分析及动态预测。货物运输是动态的，它们与外界环境密切相关，并随着周围环境的不断变化而变化。在物流过程中需要考虑地理因素的影响，地理信息系统可以通过地理编码功能，将相关数据与地图建立联系，用户只要单击地图上的任意对象，就可以同时看到与该对象相关联的所有数据。

（4）GIS 技术应用于信息数据的采集。运用 GIS 系统可以实时生成和采集物流过程中的各种信息数据。

（5）GIS 技术应用于仓库规划。仓库 GIS 作为仓库管理信息系统中的一个子系统，它用地理坐标、图标的方式更直观地反映仓库的基本情况，如仓库建筑情况、仓库附近公路和铁路情况、仓库物资储备情况等。

8. 智能交通系统

智能交通系统简称 ITS，是一个包括信息处理技术、通信技术、控制技术和电子技术，能为许多交通问题提供解决方案的计算机管理信息系统。ITS 包含了许多技术，主要有：先进交通信息服务系统；先进交通管理系统；先进公共交通系统；先进车辆控制系统；货运管理系统；电子收费系统；紧急救援系统。

9. 电子自动订货系统

电子自动订货系统简称 EOS，是不同组织间利用通信网络和终端设备进行订货作业与订货信息交换的体系。EOS 系统在企业物流管理中发挥着重要的作用，主要有：

（1）对于传统的订货方式，如上门订货、邮寄订货电话、传真订货等，EOS 系统可以缩短从接到订单到发出订货的时间，缩短订货商品的交货期，减少商品订单的出错率，节省人工费。

（2）有利于减少企业的库存水平，提高企业的库存管理效率。同时，也能防止商品特别是畅销商品缺货现象的出现。

（3）对于生产厂家和批发商来说，通过分析零售商的商品订货信息，能准确判断畅销商品和滞销商品，有利于企业调整商品生产和销售计划。

（4）有利于提高企业物流信息系统的效率，使各个业务信息子系统之间的数据交换更加便利和迅速，丰富企业的经营信息。

10. 销售时点信息系统

销售时点信息系统，简称 POS，是对销售商品进行结算时，通过自动读取设备（如收银机）在销售商品时直接读取商品销售信息（如商品名、单价、销售数量、销售时间、销售店铺、购买顾客等），并通过通信网络和计算机系统传送至有关部门进行分析加工以提高经营效率的系统。POS 系统最早应用于零售业，以后逐渐扩展至其他如金融、旅馆等服务行业，利用 POS 系统的范围也从企业内部扩展到整个供应链。POS 系统分为硬件和软件两部分。

（1）如图 2—7—4 所示，硬件是一个计算机网络系统，既可以是集中式的大系统，也可以用微型机连成局域网，这要视商场的规模、信息量、处理量和资金投入而定，但大致可分为前台收款机、网络、硬件平台三大部分。

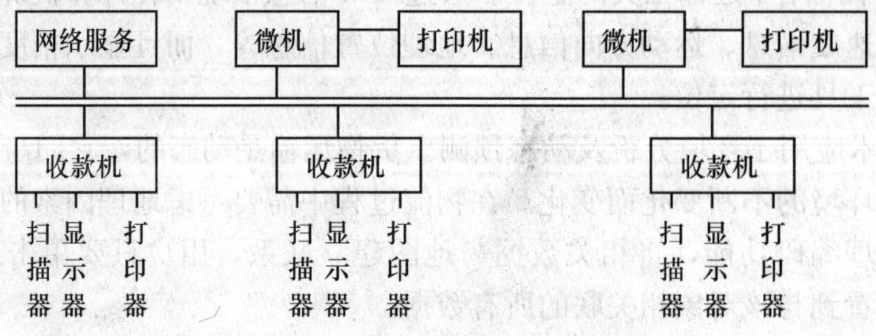

图 2—7—4　商业 POS 系统硬件组成

(2) 如图 2—7—5 所示软件系统是商业 POS 系统的核心部分。从根本上说，它仍属于管理信息系统的范畴。MIS 的三个层次即操作层、管理层、决策层，对于商业 POS 系统同样适用，但人们更习惯把商业 POS 系统的软件分为前台和后台两个部分。

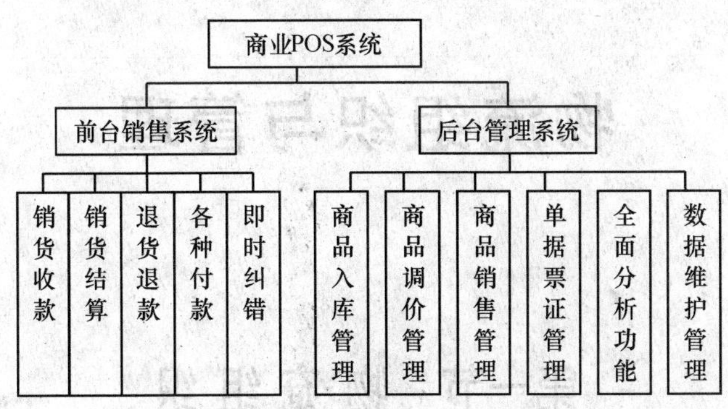

图 2—7—5 商业 POS 系统软件组成

思考与练习

1. 什么是物流信息？物流信息技术有哪些？

2. 利用网络调研物流信息化的发展现状，以一个库存管理信息系统为载体进行调研、分析和讨论。

第三章

物流组织与管理

第一节 物流组织

一、企业物流组织的概念

企业物流组织是指以物流管理中枢部门为核心，分工协作地履行物流管理各项职能的组织体系。物流管理组织形成的基本条件在于如何明确业务范围，如何进行业务分工，以及如何实施物流管理的统一化。物流组织作为一个系统，有5个必不可少的组织要素：人员、职位、职责、关系和信息。

二、企业物流组织设计原则

1. 分工明晰的原则

分工是指将组织的整体功能划分为若干类别的功能单位，分别由相应的人从事一项或少数几项工作，使得每一个作业人员的专业技能得到强化，组织整体效益也相应提高。

2. 统一指挥的原则

统一指挥的原则是组织管理的一项重要原则，是指每个下属应当只能向一个上级主管直接负责，一个下属只能接受一个上级的指挥，而且只能向一个上级汇报工作。

3. 权责对等的原则

权责是管理者的权限和职责范围，企业物流组织中的每个部门和成员都有责任按照工作目标的要求保质保量地完成工作任务。同时，企业组织也必须赋予其自主完成任务所必需的权力。

4. 柔性化原则

组织的柔性是指组织的各个部门、成员都可以根据内外环境的变化而进行灵活调整与变动，从而减少组织变革和客观外界情况的变化所造成的冲击和震荡。

三、企业物流组织形式

1. 企业物流组织的基本形式

（1）顾问式。顾问式结构是一种过渡型、物流整体功能最弱的物流组织结构，也称为职能制组织结构。物流部门在企业中只作为一种顾问的角色，只负责整体物流的规划、分析、协调和物流工程，并形成决策性的建议，对各部门的物流活动起指导作用。但物流活动的具体运作管理仍由各自所属的原部门负责，物流部门无权管理。如图3—1—1所示。

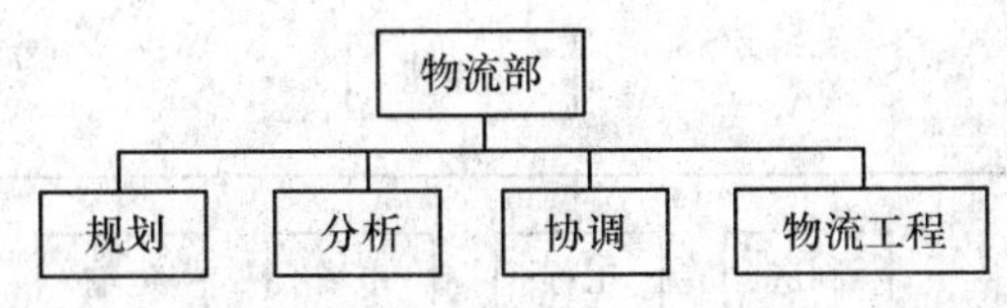

图 3—1—1　顾问式组织形式

在图 3—1—1 中，规划包括场所规划、仓库规划、预算、产品开发规划；分析包括运作成本分析、客户服务和需求分析、存货控制分析、运输效率和服务分析等；协调包括销售、生产、财务、其他；物流工程包括物料搬运研究、运输设备研究、包装材料研究、物流业务流程研究。

顾问式结构的主要问题是，物流部门对具体的物流活动没有管理权和指挥权，物流活动仍分散在各个部门，会出现物流效率低下、资源浪费以及职权不明等弊病。

(2) 直线式。直线式结构是指物流部门对所有物流活动具有指挥权和管理权的物流组织结构。在这样的组织形式下，物流经理既管理下属各部门的物流日常业务的运作，同时又兼顾物流系统的分析、设计和规划，如图 3—1—2 所示。

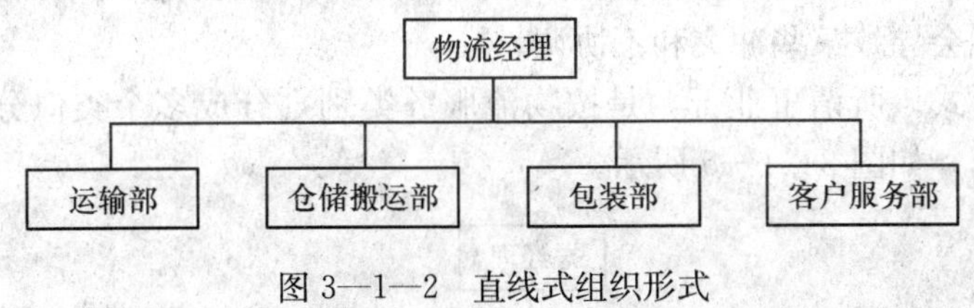

图 3—1—2　直线式组织形式

该组织形式的优点是物流经理全权负责所有的物流活动，避免互相牵制和推诿扯皮，效率高、职权明晰。缺点是物流经理决策风险较大，对其业务水平要求较高。

(3) 直线顾问式。直线顾问式是直线式和顾问式的综合，克服了二者各自的缺陷，保留了各自的优势。物流经理既可以协调企业各部门的物流活动，又可以实现对所有物流活动的组织监督和指导。同时，物流经理将对从原材料的采购到产成品的销售的物流管理全过程负责。规划分析等职能部门只对具体物流活动起参谋、建议、监督作用，如图 3—1—3 所示。

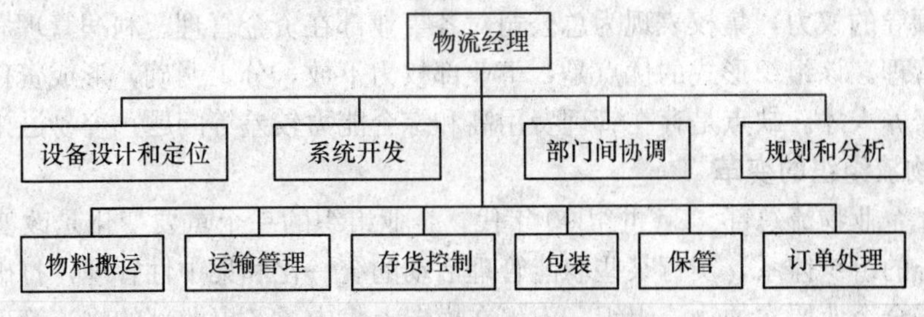

图 3—1—3　直线顾问式组织形式

(4) 矩阵制。该组织形式的内容是，履行物流业务所需的各种物流活动仍由垂直方向的原部门管理，但水平方向增加了类似项目管理的部门（一般也称为物流部），负责管理一个完整的物流业务（项目），从而形成了纵横交错的矩阵式物流组织结构，如图 3—1—4 所示。

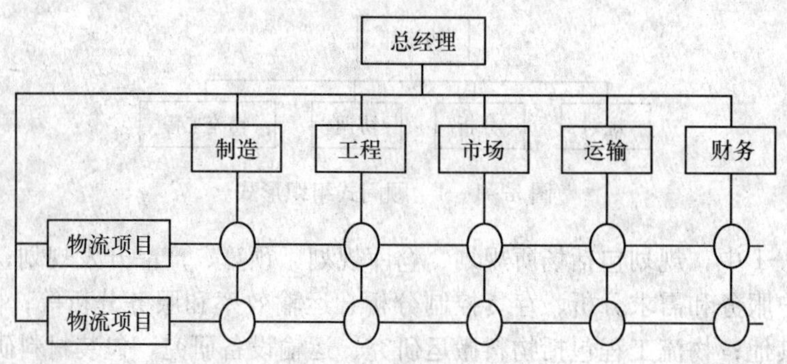

图 3—1—4 矩阵式组织形式

水平方向的物流“项目”经理在一定的时间、成本、数量、质量约束条件下，负责整个物流“项目”的实施，而垂直方向的传统部门则对物流“项目”起着支持作用。

该组织形式的优点是，物流部门作为一个责任中心，允许其基于目标进行管理，可以提高物流运作效率；形式灵活，适用于任何企业的各种需求；可以允许物流经理对物流进行一体化的规划和设计，提高物流的整合效应。缺点是，采用双轨制管理，职权关系受纵横两个方向的控制，可能会导致某些冲突和不协调。

（5）事业部形式。所谓事业部，是按物流服务类别划分成多个类似分公司的事业部单位，实行独立核算，如图 3—1—5 所示。

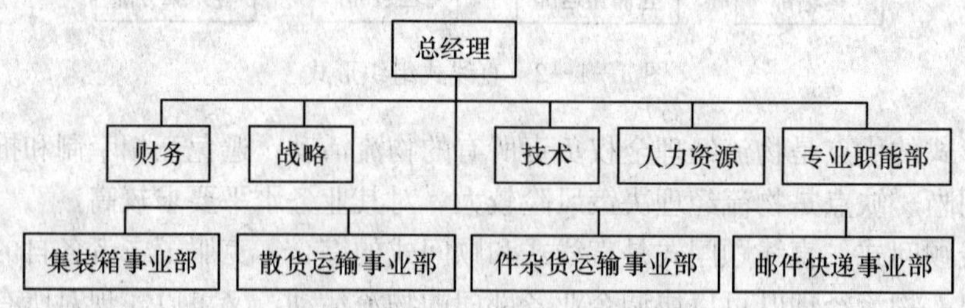

图 3—1—5 事业部制组织形式

事业部制是一种集权—分权的管理方式，分权主要体现在各事业部拥有计划制订、自主决策和指挥领导的权力，集权表现为总公司对各事业部在资金管理、利润管理和营运监督方面实行集权管理。该组织形式的优点是，事业部权力下放，分工明确，形成责任经营制；有利于锻炼和培养人才。缺点是存在管理费用高和综合能力较差等问题，容易滋生本位主义。

2. 企业物流组织的变革

（1）设立企业物流总部。20 世纪 90 年代，企业组织的一个重要变化是改变原来单纯以事业部为中心的组织体系，实行某些职能管理活动的统一化和集中性管理，打破了事业部的界限，出现了全企业层次的物流组织，不仅在横向上集中了各事业部的物流管理，还在纵向上统括了购买、生产、销售等伴随企业经营行为而发生的物流活动。需要指出的是，物流总部的设立并不一定是将物流现场作业全部集中到总公司来，一般物流现场作业仍然由各事业部独自开展，物流总部统一决策的是物流战略的设立和管理。物流总部制定和实施企业的物流策略、计划、流程制度，指导、协调、管理各个事业部的物流活动，以及收集、整理、积累相关物流运输、物流系统、仓库管理、信息系统等方面的专业知识和技术，负责企业内部培训和推广应用等。

（2）成立单独的物流分公司。从最新企业组织的发展变化看，有不少先进企业不仅成立了企业物流总部，甚至将物流作业也从事业部中独立出来，成立单独的物流分公司。这样，易于核算物流成本，既有利于促进物流水平的提高，也有利于扩大物流活动的领域。

3. 典型物流企业组织范例

（1）制造企业物流管理组织形式（见图 3—1—6），其主要物流部门的职责见表 3—1—1。

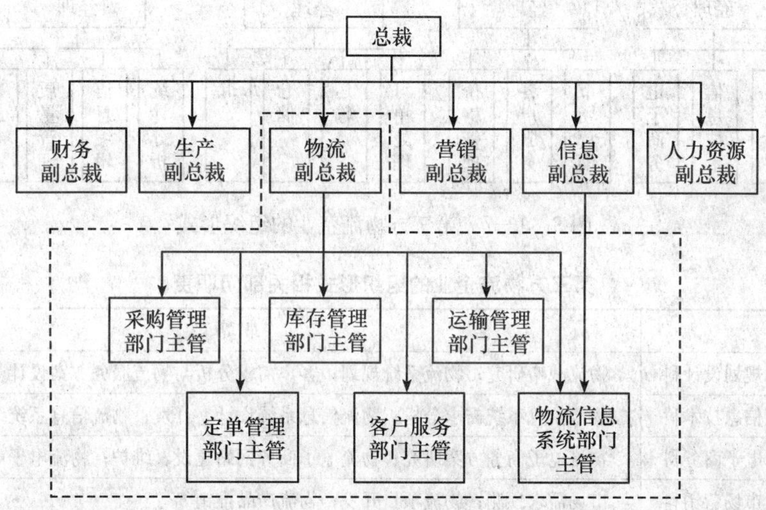

图 3—1—6　制造企业物流管理组织形式

表 3—1—1　**制造企业物流管理组织形式相关部门职责**

部门	职责
采购管理	处理采购申请；选择供应商；价格谈判；签发采购订单；跟踪订单；接受货物；确认供应商的支付发票
库存管理	入库管理；库存盘点；库存物资保管、养护；出库管理；储位管理；库存控制；库存统计、分析
运输管理	运输方式选择；运输服务商选择；运输路线选择；运输计划编制；托运；运输合同管理；运输统计、分析
订单管理	接收订单；订单处理（客户信用检查、仓库存货检查、编制订单落实计划、向客户作出答复）；通知仓库备货；安排运输；单证处理等
客户服务	客户档案管理；客户合同管理；客户分析；客户营销策略制定；客户投诉处理；服务标准制定；服务质量管理
物流信息管理	为上述功能提供信息服务

（2）第三方物流企业的组织形式（见图 3—1—7），其主要物流部门的职责见表 3—1—2。

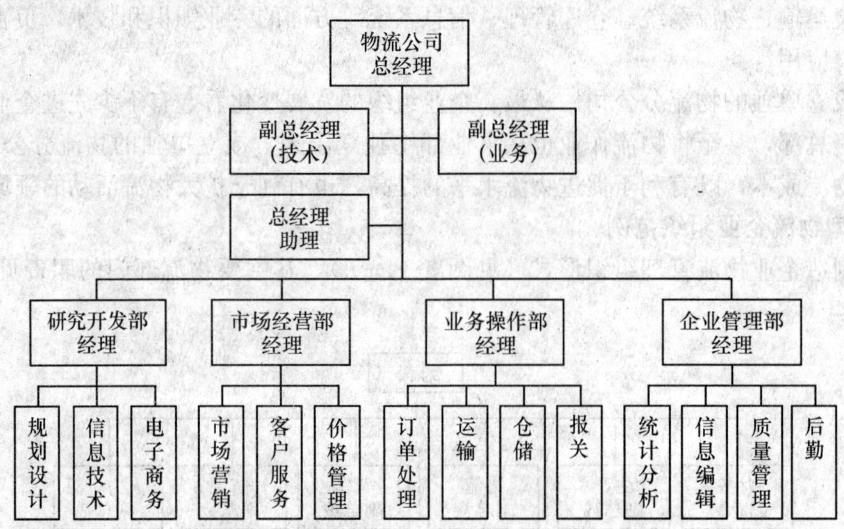

图 3—1—7　第三方物流企业的组织形式

表 3—1—2　　第三方物流企业的组织形式相关部门职责

部门		职责
研究开发部	规划设计科	物流战略研究；物流系统规划；客户需求分析与物流服务方案设计
	信息技术科	物流信息系统需求分析；物流信息系统设计、开发；物流信息系统维护、升级
	电子商务科	物流电子商务方案研究；物流电子商务网站建设、维护；物流电子商务业务推行
市场经营部	市场营销科	市场需求预测；物流项目开发；物流产品推销
	客户服务科	客户档案管理；客户分析；客户关系管理
	价格管理科	服务定价；项目投标定价；价格执行情况统计分析
业务操作部	订单处理科	订单接受；订单安排（计划）；单证处理；业务监控与动态优化
	运输科	海运业务处理；陆运业务处理；空运业务处理；联运业务处理
	仓储科	仓储安排；库存控制；包装、加工、分拨等相关业务
	报关科	报关；报检
企业管理部	统计分析科	业务统计；业绩分析
	信息编辑科	定期编辑出版公司内部刊物；不定期发布公司有关信息；搜集、整理各类对公司发展有影响的信息
	质量管理科	健全各类规章制度；完善质量保障体系；质量事故统计分析；质量考核
	后勤科	行政事务处理；会议安排、记录；非业务对外联系

（3）配送中心组织形式（见图 3—1—8），其主要物流部门的职责见表 3—1—3。

表 3—1—3　　配送中心组织形式相关部门职责

部门	职责
入库保管小组	计划：工厂进货计划；外协者进货计划；自动仓库保管计划；托盘货架保管计划；直积保管计划；外部仓库保管计划；作业员计划；成本管理

续表

部门	职责
入库保管小组	作业：货车、叉车操作（入库、保管作业）；自动仓库入库操作；进货检查作业及报告；进货记录作成（终端操作）；对货箱流动货架补充；盘货业务准备；入库设备不良，检修业务与维修者联络；外协作业者的管理；安全管理
出库小组	计划：制订月间出库计划；每日出库计划制作，包括自动仓库（包括补充）、托盘仓库、直积、货箱流动货架、回转货架；外协作业、作业者管理；成批作业计划；作业人员计划；成本管理
	作业：叉车操作；自动仓库出库作业；托盘货架、直积作业；从货箱流动货架、旋转货架出库
	拣选：实际出库报告；盘货作业准备；每日盘点；出库设备不良与维修者联系；外协作业者管理；安全管理；流通加工用的出库
流通加工小组	计划：流通作业计划，定价作业计划，组合作业计划；作业量的把握和出库要求；作业员计划
	作业：定价作业；组合作业；成品入库（叉车作业）；作业完了报告书；盘货准备；每日盘货；外协作业者管理
包装小组	计划：每天包装计划作成；包装材料购入计划实施；包装材料保管、管理
	作业：包装作业；实际包装成绩报告；包装机械检查并与维修者联系；外协作业者的管理
发货、分类小组	分类：自动分类作业计划，横向分类作业计划，托盘取出作业计划
	作业员计划：横向作业员计划，托盘取出作业员计划；外协人员管理；分类用托盘计划；自动分类作业的维修和与维修者的联系；横向作业：托盘取出作业；叉车作业：向自动仓库直接发货的存储区搬运；向直积区的存储区搬运；计划：每月发货量计划；每日发货量计划（路线；集装箱；本公司运输车）；发货作业人员计划：发货作业；发货事务；发货批量计划：个数；卡车台数；外协者管理；成本管理；安全管理
	作业：发货装载作业；装载检查；空托盘管理；交货车辆引导和管理；发货品的手工条码阅读检查；编制发货单；打印出装货明细表；发货单的管理；发货传票的管理；索赔处理
管理小组	同第三方物流公司企业管理部

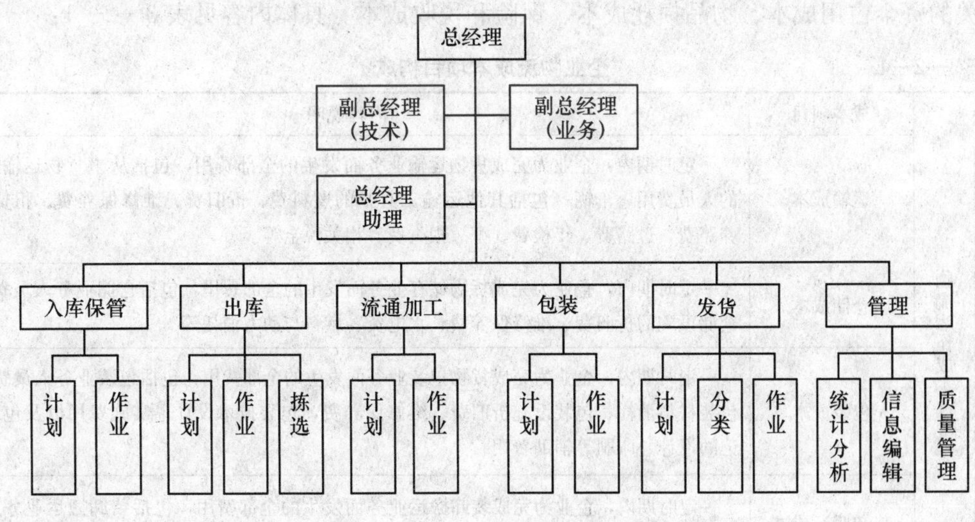

图 3—1—8　配送中心组织形式

思考与练习

1. 企业物流组织设计的原则有哪些?

2. 企业物流组织结构有哪几种类型?

3. 对一个物流企业的组织机构设置进行调研,根据其业务规模,讨论该企业组织机构设置的合理性。

第二节 物流成本管理

一、物流成本的概念

物流成本是指伴随着企业的物流活动而发生的各种费用,是物流活动中所消耗的物化劳动和活劳动的货币表现。

物流成本有广义和狭义之分。狭义的物流成本是指由于物品实体的位移而引起的有关运输、包装、装卸等成本。广义的物流成本是指包括生产、流通、消费全过程的物品实体与价值变换而发生的全部成本。具体包括从生产企业内部原材料协作件的采购、供应开始,经过生产制造过程中的半成品存放、搬运、装卸、成品包装及运送到流通领域,进入仓库验收、分类、储存、保管、配送、运输,最后到消费者手中的全过程发生的所有成本。

二、物流成本构成

1. 物流成本项目构成

按成本项目划分,物流成本由物流功能成本和存货相关成本构成。其中,物流功能成本包括物流活动过程中所发生的包装成本、运输成本、仓储成本、装卸搬运成本、流通加工成本、物流信息成本和物流管理成本,存货相关成本包括企业在物流活动过程中所发生的与存货有关的资金占用成本、物品损耗成本、保险和税收成本。具体内容见表 3—2—1:

表 3—2—1　企业物流成本项目构成

<table>
<tr><th colspan="3">成本项目</th><th>内容说明</th></tr>
<tr><td rowspan="4">物流功能成本</td><td rowspan="4">物流运作成本</td><td>运输成本</td><td>一定时期内,企业为完成货物运输业务而发生的全部费用,包括从事货物运输业务的人员费用、车辆(包括其他运输工具)的燃料费、折旧费、维修保养费、租赁费、养路费、过路费、年检费、事故损失费、相关税金等</td></tr>
<tr><td>仓储成本</td><td>一定时期内,企业为完成货物储存业务而发生的全部费用,包括仓储业务人员费用,仓储设施的折旧费、维修保养费、水电费、燃料与动力消耗等</td></tr>
<tr><td>包装成本</td><td>一定时期内,企业为完成货物包装业务而发生的全部费用,包括包装业务人员费用,包装材料消耗,包装设施折旧费、维修保养费,包装技术设计、实施费用以及包装标记的设计、印刷等辅助费用</td></tr>
<tr><td>装卸搬运成本</td><td>一定时期内,企业为完成装卸搬运业务而发生的全部费用,包括装卸搬运业务人员费用,装卸搬运设施折旧费、维修保养费、燃料与动力消耗等</td></tr>
</table>

续表

成本类别		成本项目	内容说明
物流功能成本	物流运作成本	流通加工成本	一定时期内，企业为完成货物流通加工业务而发生的全部费用，包括流通加工业务人员费用，流通加工材料消耗，加工设施折旧费、维修保养费，燃料与动力消耗费等
		物流信息成本	一定时期内，企业为采集、传输、处理物流信息而发生的全部费用，指与订货处理、储存管理、客户服务有关的费用，具体包括物流信息人员费用，软硬件折旧费、维护保养费、通信费等
		物流管理成本	一定时期内，企业物流管理部门及物流作业现场所发生的管理费用，具体包括管理人员费用，差旅费、办公费、会议费等
存货相关成本		资金占用成本	一定时期内，企业在物流活动过程中负债融资所发生的利息支出（显性成本）和占用内部资金所发生的机会成本（隐性成本）
		物品损耗成本	一定时期内，企业在物流活动过程中所发生的物品跌价、损耗、毁损、盘亏等损失
		保险和税收成本	一定时期内，企业支付的与存货相关的财产保险费以及因购进和销售物品应交纳的税金支出

2. 物流成本范围构成

按物流成本产生的范围划分，物流成本由供应物流成本、企业内物流成本、销售物流成本、回收物流成本以及废弃物流成本构成。具体内容见表 3—2—2：

表 3—2—2　　企业物流成本范围构成

成本范围	内容说明
供应物流成本	指经过采购活动，将企业所需原材料（生产资料）从供给者的仓库运回企业仓库为止的物流过程中所发生的物流费用
企业内物流成本	指从原材料进入企业仓库开始，经过出库、制造形成产品以及产品进入成品库，直到产品从成品库出库为止的物流过程中所发生的物流费用
销售物流成本	指为了进行销售，产品从成品仓库运动开始，经过流通环节的加工制造，直到运输至中间商的仓库或消费者手中的物流活动过程中所发生的物流费用
回收物流成本	指退货、返修物品和周转使用的包装容器等从需方返回供方的物流活动过程中所发生的物流费用
废弃物流成本	指将经济活动中失去原有使用价值的物品，根据实际需要进行收集、分类、加工、包装、搬运、储存等，并分送到专门处理场所的物流活动过程中所发生的物流费用

3. 物流成本支付形态构成

按物流成本支付形态划分，物流成本由委托物流成本和内部物流成本构成。其中，内部物流成本按支付形态分为材料费、人工费、维护费、一般经费和特别经费等。具体内容见表 3—2—3：

表 3—2—3　　企业物流成本支付形态构成

成本支付形态		内容说明
企业内部物流成本	材料费	资材费、工具费、器具费等
	人工费	工资、福利、奖金、津贴、补贴、住房公积金等
	维护费	土地、建筑物及各类物流设施设备的折旧费、维护维修费、租赁费、保险费、税金、燃料与动力消耗费等
	一般经费	办公费、差旅费、会议费、通信费、水电费、煤气费等
	特别经费	存货资金占用费、物品损耗费、存货保险费和税费
委托物流成本		企业向外部物流机构所支付的各项费用

三、物流成本管理

1. 物流成本管理的含义

物流成本管理是指对物流成本进行计划、分析、核算、控制与优化，以达到降低物流成本的目的。

物流成本管理是通过成本去管理物流，即管理的对象是物流而不是成本，物流成本管理是以成本为手段的物流管理方法。

2. 物流成本管理的内容

（1）物流成本预测。物流成本预测是运用一定的技术方法，对未来的成本水平及其变动趋势作出科学的估计。如运输成本预测、库存成本预测等。

（2）物流成本决策。物流成本决策是根据企业决策目标搜集、整理有关信息资料，选择科学的方法计算有关物流成本决策方案的评价指标，并做出正确的财务评价，最终筛选出最优的行动方案。

（3）物流成本计划。物流成本计划是指通过一定的程序、运用一定的方法，以货币形式规定计划期内物流各环节耗费水平和成本水平，并提出保证成本计划以顺利实现所采取的措施。

（4）物流成本控制。物流成本控制就是将物流成本事前控制与事中控制有机地结合起来，通过事前确定成本标准，根据执行过程中的实际与计划发生的偏差进行原因分析，并及时采取措施进行调整，改进工作，确保成本目标的实现。

（5）物流成本核算。采用相应的成本计算方法，按照规定的物流成本项目，通过一系列的物流费用归集与分配，计算各物流活动的实际总成本和单位成本。

（6）物流成本分析。运用一定的方法，揭示物流成本水平的变动及其影响因素，进而采取有效措施，合理地控制物流成本。

四、物流成本管理的要点

1. 确定成本管理对象

物流成本管理的前提是确定成本管理对象，每一企业可以根据本企业的性质和管理的需要来确定物流成本管理对象。具体对象如下：

（1）以物流过程作为对象，计算供应物流成本、生产物流成本、回收物流成本及废品物流成本。

（2）以物品实体作为对象，计算每一种物品在流通过程中（包括运输、验收、保管、维护、修理等）所发生的成本。

（3）以物流功能作为对象，计算运输、保管、包装、流通加工等诸种物流功能所发生的成本。

（4）以物流成本项目作为对象，计算各物流项目的成本，如运输费、保管费、折旧费、修理费、材料费及管理费。

（5）以某一物流部门为对象，如仓库、运输队、装配车间等部门为对象进行计算。这种核算对加强责任中心管理，开展责任成本管理以及考核部门的绩效是十分有利的。

（6）以某一服务客户作为核算对象。这种核算方式对于加强客户服务管理、制定有竞争力且有盈利性的收费价格是很有必要的。特别是对于物流服务企业来说，在为大客户提供物流服务时，应认真分别核算对各个大客户提供服务时所发生的实际成本。

（7）以某一地区为对象，计算在该地区组织供应和销售所花费的物流成本，据此可进一步了解各地区的物流费用开支情况，以便进行重点管理。

（8）以某一物流设备和工具为对象，如以某一运输车辆为对象进行计算。

（9）以企业全部物流活动为对象进行计算，确定企业为组织物流活动所花费的全部物流成本支出。

2. 制定成本标准

（1）按成本项目制定成本标准。企业内部每一物流成本项目，按其与物品流转额的关系，可以分为固定成本和变动成本。对于固定成本项目（如折旧费、办公费等），可以以本企业历年来成本水平或其他企业（能力及规模与本企业相当）的成本水平为依据，再结合本企业现在的状况和条件，确定合理的成本标准。而对于可变成本项目，则着重考虑近期及长远条件和环境的变化（如运输能力、仓储能力、运输条件及国家的政策法令等），制定出成本标准。

（2）按物流功能制定成本标准。不论是运输、保管，还是包装、装卸成本，其水平的高低均取决于物流技术条件、基础设施水平。因此，在制定物流成本标准时，应结合企业的生产任务、流转流通数量及其他相关因素进行考虑。

（3）按物流过程制定成本标准。按物流过程制定成本标准，是一种综合性的技术，要求全面考虑物流的每个过程。既要以历史成本水平为依据，同时又要充分考虑企业内外部因素的变化。制定这种成本标准需要多种技能相结合。

3. 实行预算管理

成本标准确定后，企业应充分考虑其财力状况，制定出每一种成本的资金预算，以确保物流活动的正常进行。同时，按照成本标准，进行定期和不定期的检查、评价与对比，以控制物流活动和成本水平。

4. 实行责任成本管理制度

企业的每一环节和过程都要发生物流成本。要想管好物流成本，除了制定成本标准外，还需在物流部门、生产部门和销售、管理部门实行责任制，实行全过程、全人员成本管理，明确各自的权力和责任。具体方法及步骤如下：

（1）分解落实物流成本指标。不同的物流部门负担着不同的物流成本。按成本发生的地点将成本分解到一定部门，落实其降低物流成本的责任，并按成本的可控性检查该部门物流成本降低情况，以作为其评价成绩的依据。

(2) 编制记录、计算和积累有关成本执行情况的报告。每一物流部门都应将其负担的物流成本进行记录、计算和积累，并定期编制出业绩报告，以形成企业内部完整的物流成本系统。

(3) 建立成本反馈与评价系统。一定期间结束后，将每一部门发生的物流成本实际支付结果与预算（标准）进行对比，评价该部门在成本控制方面的成绩与不足，以确定奖惩。

5. 合理进行技术改造

合理进行技术改造是指在进行技术及设备引进时要考虑其经济性，尽管先进的运输、包装、装卸技术必然能降低物流成本，但先进技术方法的运用也必然具有较高的成本。因此，以经济技术相结合来选择运输工具、包装材料及装卸工具，也是降低物流成本总水平的一个重要方面。

6. 推进物流管理的现代化

推进物流管理的现代化要解决的主要问题是，物品实体的位移及着眼于成本的降低，建立系统化、机械化、合理化物流系统。

五、降低物流成本的途径

1. 改善物流管理

物流活动的管理水平直接影响物流费用。改善物流管理就是要加强物流的经济核算，选用恰当的成本控制方法，对资金管理、人员、原材料消耗、物流各环节的支出等进行分析，不断改善管理方法，寻求降低物流费用的途径。因此，应该建立降低物流成本的激励机制，调动物流各个环节人员的积极性，并加强经济核算，改善物流管理，从而降低物流成本。

2. 减少物流中转环节

商品从离开生产领域到进入消费之前，需要经过许多流通环节。这些环节越多，商品在物流过程中所需要的时间越长，物流费用也必然相应增加。减少流转环节，精减那些不必要的环节，能加快物流速度，从而降低物流费用。因此，应该加强物流的价值流设计，做好物流系统的规划、计划工作，做好物流系统组织设计，减少物流中转环节，降低物流成本。

3. 扩大物流量，加快物流速度

物流速度越快，在其他条件相同的情况下，实现物流活动所需要的流动资金越少。因此，加快物流速度可以减少流动资金的需要量，减少利息的支出。如果物流速度慢，商品在运输、储存保管等环节时间延长，必定会相应增加储运、保管等费用以及商品的自然损耗等，增加物流费用支出。因此，应该扩大物流量、加快物流速度，协调好货运枢纽与配送中心、不同部门间物流设施的运行，形成物流活动经济规模，降低单位业务量物流成本。

4. 采用先进的、适用的物流技术

先进的物流技术和物流手段能够不断提高物流速度、增加物流量，而且可以大大减少物流损失。例如，先进、合理的机械设备、集装箱、托盘等技术的推广，可以降低物流费用；采用先进的物流技术，能够使物流更合理、更具有科学性；选择合理运输路线、合理控制库存量等都可以使物流费用降低。而广泛应用电子信息技术，可以使物流各环节密切联系，减少或杜绝物流环节之间因物流信息不畅造成的不必要停滞，加快物流速度。因此，应采用先

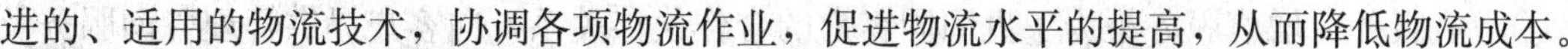

进的、适用的物流技术，协调各项物流作业，促进物流水平的提高，从而降低物流成本。

思考与练习

1. 物流成本项目有哪些？

2. 降低物流成本的途径和方法主要有哪些？

3. 请从进货渠道与运输工具的选择、存货的控制与货物保管制度、产品质量、管理成本开支、资金利用率等方面，讨论影响物流成本的原因与规律。

第三节 物流服务管理

一、物流服务管理的含义与分类

1. 物流服务

物流服务是为满足客户需求所实施的一系列物流活动产生的结果。它包括以下两个要素：一是按照客户要求进行的物流活动。这个活动既可以是单纯的配送管理，也可以是从采购入库到库存管理、再到配送管理等多项物流活动的总和。二是客户满意。对于第三方物流企业来说，客户满意既包括自身客户，也包括客户的客户。

2. 物流服务管理

企业物流服务管理是一种了解和创造客户需求，以实现客户满意为目的，企业全员、全过程参与的一种经营行为和管理方式。

物流服务管理的核心理念是，企业全部的经营活动都要从满足客户的需要出发，以提供满足客户需要的产品或服务作为企业的责任和义务，把客户满意作为企业经营的目的。

3. 物流服务管理分类

（1）按过程分。物流服务管理必须对服务的全过程进行管理。按过程可分为交易前服务管理、交易中服务管理和交易后服务管理。

1）交易前服务管理。是指在客户购买服务之前，企业向潜在客户提供的服务管理，是处理好交易前要素的行为。交易前要素主要是为开展良好的客户服务创造适宜的环境。这部分要素直接影响客户对企业及产品或服务的初始印象，为物流企业稳定持久地开展客户服务活动打下良好的基础。交易前要素主要包括以下内容：

①客户服务条例。客户服务条例以正式的文字形式表示，其内容包括如何为客户提供满意的服务、客户服务标准、每个职员的责任和业务等。

②客户服务组织结构。客户服务组织结构不可能是通用型的最优组织结构，对于每一个企业，根据实际情况，应有一个较完善的组织结构总体负责客户服务工作，明确各组织结构的权责范围，保障和促进各职能部门之间的沟通与协作。

③物流系统的应急服务。物流系统设计时应着眼于客户服务及运营成本。为了使客户得到满意的服务，在缺货、自然灾害、劳力紧张等突发事件出现时，必须有应急措施来保证物流系统正常高效运作。

④增值服务。增值服务是为了巩固同客户的合作伙伴关系，向客户提供管理咨询服务及培训活动等。具体方式包括发放培训材料、举办培训班、面对面或利用通信工具进行咨询等。物流企业进行增值服务的目的是为了更好地与客户长期合作下去。

2）交易中服务管理。就是要处理好交易中的要素。交易中要素主要是指直接发生在物流过程中的客户服务活动，主要包括以下内容：

①缺货频率。这是衡量产品现货供应比率的重要指标。一旦脱销，要努力为客户寻找替代产品或者在补进货物后再送货。由于缺货成本一般较高，所以，要对这一因素详细考察，逐个产品、逐个客户进行统计，确定问题所在，有针对性地提出解决方案。

②订货时间。向客户快速准确地提供库存信息、配送日期。客户不仅希望快速获取信息，而且还要求这些信息准确无误，对发生的信息失真应特别重视并立即采取改善措施。

③订、发货周期的稳定性。订、发货周期是从客户下订单到收到货物为止所跨越的时间，随着竞争的日益激烈，控制好订、发货周期对于客户服务来说是非常重要的。

④特殊货物的运送。有些货物不能按常规方法运送，而需采用特殊运送方式。提供特殊运送成本要高于正常运送。但为了能够跟客户长期合作下去，这一服务也是非常重要的。

⑤订货便利性。一般来说，客户最喜欢同反应迅捷、工作效率比较高的物流企业合作。如果在一些小细节上不注意，例如单据格式让人费解、让客户在电话中等待过久等，客户都会产生反感，从而影响对此物流企业的看法。

3）交易后服务管理。是指企业向已购买服务的顾客所提供的服务，是处理好交易后要素的行为。它是服务质量的延伸，也是对顾客感情的延伸。交易后要素即售后服务，是物流客户服务中非常重要却也最容易被忽略的要素。交易后要素的内容有：

①安装、保修、更换、提供零配件。

②产品跟踪。产品跟踪是指及时从市场上收回存在隐患的产品，防止客户因产品或服务问题而投诉。

③客户抱怨。物流企业要有一个准确的在线信息系统处理来自客户的信息，并向客户提供最新的信息。对待客户的抱怨，要有明确的规定，以便尽可能及时有效地处理，维护客户的忠诚度。

（2）按内容分。物流服务按内容可分为物流服务质量管理、物流客户关系管理、物流服务营销管理等。

二、物流服务质量管理

1. 物流服务质量管理的含义

物流服务质量管理是指通过对物流服务质量进行管控达到提升物流服务质量的一系列活动总称。

对物流企业来说，构筑完善的物流服务质量管理体系，来保证和控制物流服务全过程的高质量，提供让客户满意的服务是取得竞争优势的保障。企业发现问题、找出差距和提高物流服务的效率对企业的生存有着重要的意义。

2. 物流服务质量管理流程

（1）物流服务的信息收集。主要包括：

1）确定客户对现有物流服务水平的评价。

2）确定哪方面的物流服务是客户最为关心的。例如，物流实效、服务态度、货物暂存、发货前的短信通知等，这些会因行业不同而不同。

3）确定客户还需要哪些额外的物流服务。

4）确定客户对竞争对手的评价。

（2）物流服务现状分析。在完成物流服务质量调查之后，要对调查的内容进行整理分析，一般可从两个方面进行：一是自我服务水平分析；二是竞争对手物流服务水平分析。

（3）物流服务的内容制定。第三方物流企业在制定物流服务内容时，要注意以下几点：

1）物流服务的标准要明确。如订单处理，某物流企业就要求从收到出仓单算起，2 个小时之内将货物送达客户，每月总订单量的 95%达标算是及格。

2）物流服务对象要分类。要根据 ABC 分类方法将服务对象分为重要客户群、较重要客户群、不重要客户群，以便为不同的客户提供有差别的物流服务。

3）物流服务内容差异化、经济化。

（4）物流服务机制的建立。建立物流服务机制是指将建立起来的物流服务内容及标准纳入公司章程，每个员工在工作过程中要以服务客户为宗旨，培养员工良好的客户服务意识。

（5）物流服务的综合评价。物流企业要定期对服务机制的实施情况进行检查评价，评价方法可以根据制定的相关物流服务标准进行综合打分，确定物流服务水平是否有所变化。同时，也要根据市场情况不断地更新、完善服务内容和标准，以适应市场发展的需要。

3. 物流服务质量管理方法——PDCA 循环法

PDCA 循环又称为戴明环，是美国质量管理专家戴明博士提出的，它是全面质量管理所应遵循的科学程序。全面质量管理活动的全部过程，就是质量计划的制定和组织实现的过程，这个过程就是按照 PDCA 循环，不停顿地周而复始地运转的。

PDCA 循环是能使任何一项活动有效进行的一种合乎逻辑的工作程序，特别是在质量管理中得到了广泛的应用。

如图 3—3—1 所示，一般又将 PDCA 循环划分为“四个阶段、八个步骤”。

（1）P 即 Plan，计划。包括方针和目标的确定以及活动计划的制订。该阶段包括 4 个步骤：分析现状，发现问题；分析质量问题中各种影响因素；分析影响质量问题的主要原因；针对主要原因，采取解决的措施。要明确制定措施的依据和目标措施执行的详细情况，如执行人、执行时间、具体方法。

（2）D 即 Do，执行，就是具体运作，实现计划中的内容。

（3）C 即 Check，检查。总结执行计划的结果，分清哪些正确，哪些错误，明确效果，找出问题。该阶段需要将执行结果与要求达到的目标进行对比。

（4）A 即 Action，行动（或处理）。对总结检查的结果进行处理，成功的经验加以肯定，并予以标准化，或制定作业指导书，便于以后工作时遵循；对于失败的教训也要总结，以免重现。对于没有解决的问题，应提交给下一个 PDCA 循环去解决。

4. 物流服务质量的改善与提高

物流服务质量管理的一项重要内容就是对服务质量进行持续的改进，不断追求更高品质的服务，以提高客户的满意度，增强企业的市场竞争力。持续地进行物流服务质量的改进主要包括：改善服务流程，改进服务方法，开展个性化服务，提供增值服务。

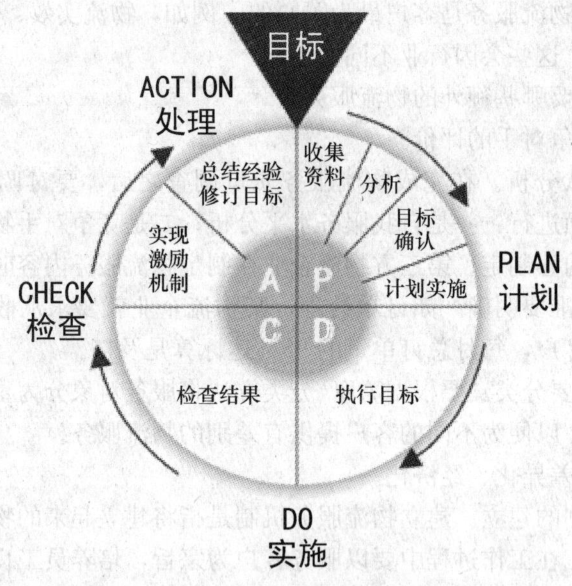

图 3—3—1 PDCA 循环

(1) 改善服务流程。服务流程是物流服务提供过程中各环节的顺序和相互关系，它包含了影响服务质量的绝大部分因素。改进服务质量应当实施有效的流程管理，不断对业务流程进行审查，对其进行反复的、系统的改善。

1) 交易前服务改造。设计用于设置设备的特殊设施的建筑服务；安装设备的安装服务；训练操作设备人员的培训服务；设备保养与修理服务；融通资金服务等。

2) 交易后服务改造。设备生产商必须决定如何向客户提供他们可提供的交易后服务，如维修服务、培训服务等。物流企业可以跟踪设备的使用情况，并了解设备存在的问题。了解客户的需求并提供免费或收费较低的培训。

(2) 改进服务方法。要实现让客户满意的目标，不但要对物流服务的开发、设计、作业等全过程进行质量控制和改进，还应当寻找好的服务方法。要听取客户、员工甚至是竞争对手的意见，不断提高本企业的竞争实力。

(3) 开展个性化服务。个性化服务可以增加革新特色以使其供应有别于他人。企业可以在保持一定规模经济的同时，为客户提供满足其不同需求的个性化服务，使客户能获得满意的感受。

三、物流客户关系管理

1. 客户关系管理的含义

客户关系管理简称 CRM，是一种选择和管理客户以期最优化长期价值的企业策略。CRM 要求以客户为中心的企业文化来支持有效的营销和服务流程。CRM 是企业为提高核心竞争力，达到竞争制胜、快速成长的目的，树立以客户为中心的发展战略，并在此基础上开展的包括判断、选择、争取、发展和保持客户所需实施的全部商业过程；是企业以客户关系为重点，通过开展系统化的客户研究，通过优化企业组织体系和业务流程，提高客户满意度和忠诚度，提高企业效率和利润水平的工作实践；是企业不断改进与客户关系相关的全部业务流程；也是在最终实现电子化、自动化运营目标的过程中，所创造并使用的先进的信息技术、软硬件和优化的管理方法、解决方法的总和。

2. 客户关系管理的特点

(1) 以客户为中心。通过对客户信息的收集，进行客户行为分析，客户需求预测，寻找企业的合适客户；利用客户资源，通过与客户交流、建立客户档案等，从中获得大量针对性强、内容具体、有价值的市场信息，包括有关产品特性和性能、销售渠道、需求变动、潜在客户等，并将其作为企业各种经营决策的重要依据，改善和发展企业与客户的协同关系，发展与客户的长期关系，为客户提供个性化服务，提高客户价值。

(2) 一对一营销。CRM追求的终极目标就是一对一营销。而这个追求的过程需要在以客户为中心的战略思想的指导下结合宏观流程、微观流程来实现。CRM战略就是要促使企业从最初的盲目大量化营销，到目标营销，再到客户需求导向营销，最终到一对一营销。在实现一对一营销后，才能真正抓住最有价值、最有潜力的客户，进行不同级别、不同价值的客户的差异化服务，进行针对性更强、个性化更高的市场营销，甚至让客户参与进来，既是消费者又是市场推动者。

(3) 共享信息平台。通过建立共享信息平台系统，使物流企业与客户在客户服务、市场竞争及支持方面形成彼此协调的全新关系实体，为企业带来长久的竞争优势，提高客户价值。

3. CRM的管理内容

(1) 客户识别与管理。客户识别包括潜在客户细分、目标客户定位、客户价值识别、客户预测。以客户为中心，对于市场营销就是一个角度的转变。不再是从产品和服务角度出发去考虑市场怎么做，而是先分析、挖掘潜在客户。对潜在客户在不同类型条件下进行细分，分析潜在客户的主要特征、兴趣、购买动向，及开发潜在客户的方法。根据往期销售、同行业销售、现有销售的客户资料来分析潜在客户群中客户的基本类型及需求特征和购买行为，并在此基础上分析客户差异对企业利润的影响等问题。

(2) 差异化。差异化包括阶段管理、服务差异化。对于意向客户，需要将商机跟进的销售过程分阶段管理，进行量化和规范化管理，确定不同阶段的重点、购买价值、资源配置、差异化体现等。另外，对于不同阶段以及不同购买价值的客户，提供的服务也应该是有差异的，分辨清楚是一般客户、合适客户和关键客户，这是CRM的基础。要确保80%的资源分配在能产生80%价值的20%客户身上，而不是一视同仁。

(3) 互动。互动包括客户互动、分析提炼信息。与客户的交流是一个互动的过程，在一个客户的购买生命周期中，这是一个不断反复迭代的互动的过程。对不断变化的客户需求和购买价值，每次客户跟踪和跟进过程中反馈的信息，每次购买后客户的反馈和投诉等，企业要不断地分析、提炼新的客户信息，反馈进客户生命周期管理之中。

(4) 客户化。客户化体现在客户化的产品、服务、持续的客户生命周期。现在提倡的是个性化服务，千篇一律的服务最终将导致客户的流失。而提供个性化服务，就需要深入地从客户角度出发，从客户的情感出发，从客户的一举一动、一言一行入手，分析挖掘客户愿意为之付出的价值点在哪里。从而将客户的生命周期持续，交叉产生不同的购买价值。

4. 客户投诉管理

（1）建立有效的物流客户服务管理制度。主要包括以下几个方面：

1）退货制度。企业是否有退货制度，退货制度是否过于漫长和费力，这些将会影响到一个物流企业未来的潜在客户。一个好的客户服务制度应该能够即时办理退货、安排专门退货员到仓库替换商品。

2）返款制度。如果客户想要退款，物流企业应该有相应的返款制度。通过就近的业务主管批准客户的返款，尽快用现金或信用证为客户返款。

（2）及时处理客户的投诉。在物流客户服务中，征集客户的意见、批评和投诉，有利于物流企业不断完善物流服务，提高物流服务的水平。客户投诉处理流程为：

1）接受客户投诉，并认真倾听。

2）向客户致歉。

3）提供解决方案。

4）执行解决方案。

5）投诉处理总结。要做好客户投诉记录，与相关责任人沟通，确保今后类似事故不再发生。

处理投诉时要愿意随时接受客户的投诉和意见，并且能及时作出答复。只有这样，才能达到改进客户服务的效果。

思考与练习

1. 在竞争激烈的条件下，企业应该树立什么样的客户服务理念？

2. 如何看待客户的投诉？应该如何解决？

3. 设计一个调查表，对物流公司的服务质量开展一次调查。调查项目为：投诉处理快捷；配送员工服务态度好；货物查询方便；客服态度好；送货前电话预约；送货无损坏货物；提供绿色通道物流服务；根据需要提供附加物流服务。以上项目按照5个量级进行封闭式选择：非常好；很好；一般；很差；非常差。另外，对其他需要的物流服务，同竞争对手的优劣势比较方面采用开放式提问征求意见。

第四章

企业物流活动

第一节 采购物流活动

一、采购的含义

采购是指通过商品交换和物流手段从资源市场取得资源的过程。

采购的基本功能是帮助人们从资源市场获取所需要的各种资源。这些资源既包括生活资料，也包括生产资料；既包括物质资源（如原材料、设备、工具等），也包括非物质资源（如信息、软件、技术、文化用品等）。能够提供这些资源的供应商，形成了一个资源市场。

采购既是一个商流过程，也是一个物流过程。采购的基本作用，是将资源从资源市场的供应者手中转移到客户手中的过程。

采购是一种经济活动。它是企业经济活动的主要组成部分。在整个采购活动过程中，一方面，通过采购获取了资源，保证了企业生产的顺利进行，这是采购的效益；另一方面，在采购过程中，也会发生各种费用，这就是采购成本。要追求采购经济效益的最大化，就要不断降低采购成本，以最小的成本获取最大的效益。

二、采购原则与分类

1. 采购原则

（1）适价。大量采购与少量采购、长期采购和短期采购在价格上有差别，决定一个适合的价格要经过多渠道询价、比价、自行估价、议价等过程。适价原则即是在保证同等品质的情况下，不高于同类物资的价格。

（2）适时。在价格稳定的时期内，要按照生产计划进行分期采购，根据市场行情和季节的变化，在价格较低时，不失时机地购进。

（3）适质。采购材料的品质成本是间接的，往往被忽视，但是，品质不良会造成管理费增加、生产不稳定、降低信用和产品竞争能力等后果。

（4）适量。采购量多，价格就便宜，但不是采购越多越好，资金的周转率、仓库储存的成本都直接影响采购成本。应根据资金的周转率、储存成本、物料需求计划等综合计算出最经济的采购量。采购量的大小决定生产与销售的顺畅及资金的调度。物料采购量过大，造成过高的存货储备成本与资金积压；物料采购量过小，则采购成本提高。因此，适当的采购量非常必要。

(5) 适地。即供应商离自己企业越近，运输费用就越低，机动性就越高，协调沟通就越方便，成本自然就越低。同时，也有助于紧急订购时的时间安排。

2. 采购分类

(1) 按采购价格模式分。可分为招标采购、询价采购、议价采购、定价采购、邀标采购和公开市场采购。

1) 招标采购。是指将物资采购的所有条件（如物资名称、规格、品质要求、数量、交货期、付款条件、处罚规则、投标押金、投标资格等）详细列明，刊登公告。投标厂商按公告的条件，在规定的时间内，交纳投标押金，参加投标。招标采购的开标按规定必须至少三家以上厂商报价，投标方能开标，开标后原则上以报价最低的厂商中标，但中标的报价仍高过标底时，采购人员有权宣布流标，或征得监办人员的同意，以议价方式办理。

2) 询价采购。是指采购商向有关的供应商发出询价单，让其报价，然后在报价的基础上进行综合比较，确定中标供应商的一种采购方式。

3) 议价采购。采购人员与厂商经讨价还价后，议定价格进行采购。一般来说，询价、比价和议价是结合使用的，很少单独进行。

4) 定价采购。购买物资数量巨大，非几家厂商所能全部提供的，如纺织厂订购棉花、糖厂订购甘蔗等，或当市场上该物资匮乏之时，则定价现款收购。

5) 邀标采购。由采购商选择足够数量的供应商，向其发出投标邀请书，邀请他们参加招标竞争。采购商最后从中选择一家供应商中标。

6) 公开市场采购。采购人员在公开交易或拍卖时随机采购，因此，大宗采购物资时，价格变动频繁。

(2) 按采购技术方式分。可分为订货点采购、MRP 采购、电子商务采购、供应链采购和 JIT 采购。

1) 订货点采购。是指根据需求的变化和订货提前期的大小，精确确定订货点、订货批量或订货周期、最高库存水准等，建立起连续的订货操作机制和库存控制机制，达到既满足需求又使得库存总成本最小的目的。这种采购模式以需求分析为依据，以填充库存为目的，采用一些科学方法、兼顾满足需求和库存成本控制的实际，原理比较科学，操作比较简单。但是，由于市场的随机因素多，使得该方法同样具有库存量大、市场响应不灵敏的缺陷。

2) MRP 采购。主要应用于生产企业。它是生产企业根据主生产计划和主产品的结构以及库存情况，逐步推导出生产主产品所需要的零部件、原材料等的生产计划和采购计划的过程。这个采购计划规定了采购的品种、数量、采购时间和采购回来的时间，计划比较精细、严格。它也是以需求分析为依据，以满足库存为目的的。

3) 电子商务采购。也就是网上采购，是在电子商务环境下的采购模式。它的基本特点是，在网上寻找供应商，寻找所需的商品，网上洽谈贸易，网上订货，甚至在网上支付货款，但是在网下送货、进货。这种模式的好处在于扩大了采购市场的范围，缩短了供需距离，简化了采购手续，减少了采购时间，降低了采购成本，提高了工作效率。

4) 供应链采购。是一种供应链机制下的采购模式。在供应链机制下，采购不再由采购者操作，而是由供应商操作。采购者只需要把自己的需求规律信息（库存信息）向供应商连续、及时传递，供应商根据产品的消耗情况，不断及时连续小批量补充库存，保证采购者既满足需要又使总库存量最小。供应链采购对信息系统、供应商操作要求都比较高。它也是一种科学的、理想的采购模式。

5）JIT 采购。也称准时化采购，是一种完全以满足需求为依据的采购方法。它对采购的要求是，供应商恰好在用户需要的时候，将合适的品种和数量送到用户要求的地点。它是以需求为依据，改造采购过程和采购方式，使它们完全适合于需求的品种、时间和数量，做到既灵敏响应需求的变化，又使得库存趋近零库存。

想一想

在日常生活中，很多生活用品都需要去超市购买。在一般的大型超市，商品非常丰富，那么如此众多的商品是如何采购而来的呢？在采购如此众多种类商品的过程中，应该如何进行有效的运作和管理呢？

三、采购流程的一般模式

采购流程的关键步骤可以概括为 9 个步骤：提出需求；描述需求；选择和评估供应商；确定价格和采购条件；发出采购订单；跟踪并催货；验收货物；支付货款；准确记录。

1. 提出需求

任何采购都产生于企业中某个部门的确切需求。负责具体业务活动的人员应该清楚地知道本部门独特的需求：需要什么、需要多少、何时需要。这样，采购部门就会收到这个部门发出的物料需求单。

2. 描述需求

采购部门如果不了解使用部门到底需要什么，就不可能进行采购。因此，采购部门就必然要对需要采购的商品或服务有一个准确的描述。准确地描述所需的商品或服务是采购部门和使用者，或是跨职能采购团体的共同责任。

3. 选择和评估供应商

供应商选择的步骤为：

（1）成立供应商评估和选择小组。供应商的选择绝不是采购员个人的事，而是一个集体的决策，需要企业各部门有关的人员共同参与讨论、共同决定，获得各个部门的认可，包括采购部门的决策者和其他部门的决策影响者。供应商的选择涉及企业的生产、技术、计划、财务、物流、市场等部门。对于技术要求高的重要采购项目，特别需要设立跨职能部门的供应商选择小组。供应商选择小组应由各部门有关人员组成，包括研究与开发部、技术部、采购部、物流管理部、市场部、计划部等。

（2）确定全部供应商的名单。通过供应商信息库以及采购人员、销售人员或行业杂志、网站等媒介渠道，了解市场上能够提供所需物品的供应商。

（3）列出评估指标并确定权重。确定代表供应商服务水平的有关因素，据此提出评估指标。评估指标和权重对于不同行业和产品的供应商是不尽相同的。

（4）逐项评估供应商的履行能力。为了保证评估的可靠，应该对供应商进行调查。在调查时，一方面，听取供应商提供的情况；另一方面，尽量对供应商进行实地考察。考察小组由各部门有关人员组成，技术部门进行技术考察，对企业的设备、技术人员进行分析，考察将来质量是否能够保证以及是否能够跟上企业所需技术的发展，满足企业变动的要求；生产部门考察生产制造系统，了解人员素质、设备配置水平、生产能力、生产稳定性等；财务部门进行财务考核，了解供应商的历史背景和发展前景，审计供应商并购、被收购的可能性，了解供应商的经营状况、信用状况，分析价格是否合理以及能否获得优先权。

（5）综合评分并确定供应商。在综合考虑多方面的因素后，就可以给每个供应商打出综合评分，选择合格的供应商。

4. 确定价格和采购条件

决定可能的供应商后，要确定采购价格、采购条件、供货条件等，以便与供应商进行谈判。企业多是使用招标方法来确定价格，有时也可以通过查看供应商价格表或通过谈判确定。

5. 发出采购订单

对报价进行分析并选择好供应商后，就要发出订单。

6. 跟单和催货

采购订单发给供应商之后，采购部门应对订单进行跟踪和催货。企业在采购订单发出时，同时会确定相应的跟踪接触日期。在一些企业中，甚至会设有一些专职的跟踪和催货人员。

7. 货物验收

采购合同上应明确产品验证体系。该验证体系应在采购合同签订之前由供应商和采购方达成协议。采购方必须在采购合同上明确指出最终用户（若有最终用户参与）是否在供应商的场地进行验证活动。供应商应提供所有设施和记录来协助检验。

8. 支付货款

一般主张发票由采购部门来核查，主要原因是采购部门是交易最初发生的地点。如果有什么差错，采购部门可以立即采取行动。

9. 记录

经过以上所有步骤以后，对于一次完整的采购而言，剩下就是更新采购部门的记录。这一步就是把采购部门与订单有关的文件副本进行汇集和归档，并把企业想保存的信息转化为相关的记录。

【案例】

海尔现代物流管理模式

在物流领域，海尔创新了一套富有特色的现代物流管理模式——“一流三网”的同步流程。如图 4—1—1 所示，海尔“一流三网”体现了现代物流的特征：

“一流”是以订单信息流为中心；“三网”分别是全球供应链资源网络、全球配送资源网络和计算机信息网络。“三网”同步流动，为订单信息流的增值提供支持。整个物流同步工程采用了以顾客为中心，面向过程的管理方法，提高了顾客和市场的响应程度，消除了企业内部与外部环节的重复、无效的劳动，让资源在每一个过程中流动时都实现增值，以达到成本最低、快速响应的目标——快速获取订单与满足订单是海尔在新经济时代的核心竞争力。

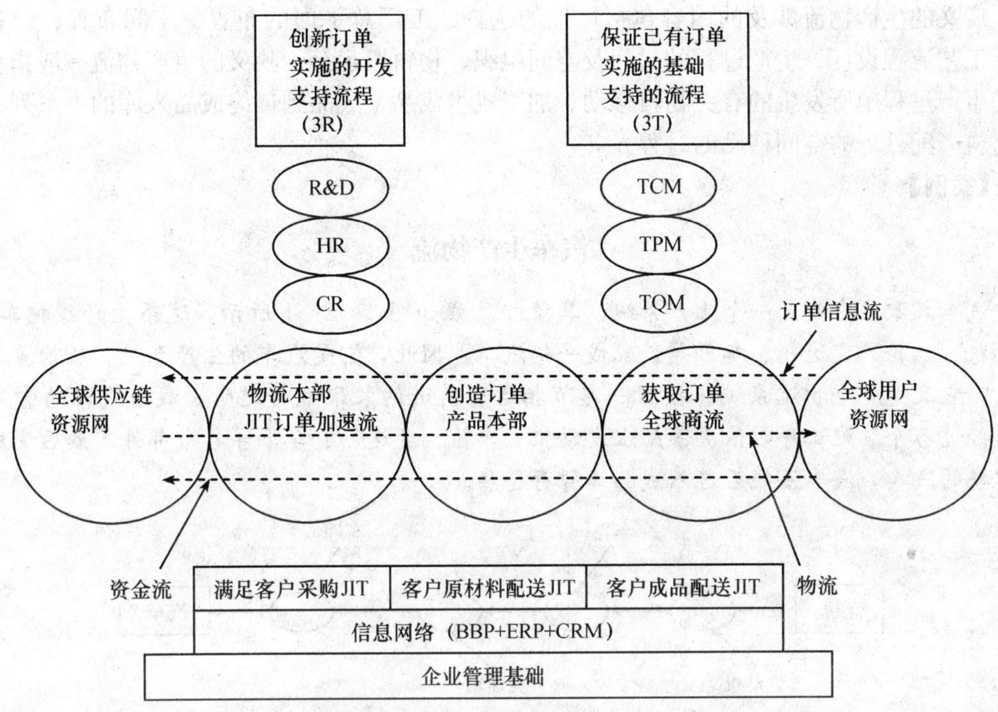

图 4—1—1 海尔“一流三网”同步流程模型

海尔物流以订单信息流为中心，实施同步管理模式，实现零距离、零缺陷、零资金占用目标，成为海尔核心竞争力的有力支撑。

思考与练习

1. 采购的分类有哪些?
2. 简述采购流程的操作步骤。
3. 一名合格的采购员应具有什么样的职业要求?

第二节 生产物流活动

一、生产物流的含义及其特征要求

1. 生产物流的含义

《中华人民共和国国家标准物流术语》对生产物流的定义是：“生产物流是制造企业在生产过程中，原材料、在制品、半成品、产成品等的物流活动。”

企业生产物流是指伴随企业内部生产过程的物流活动。即按照工厂布局、产品生产过程和工艺流程的要求，实现原材料、配件、半成品等物料在工厂内部供应库与车间、车间与车间、工序与工序、车间与成品库之间流转的物流活动。

广义的生产物流涉及的内容包括厂址的选择、工厂总平面的布置、车间布置、设备布置、工艺流程设计、生产过程的时间及空间组织、物料搬运等。狭义的生产物流一般指在企业的生产过程中所发生的有关物料移动、加工成半成品、成品到最终成品入库的一系列有关原材料、配件等的空间移动的过程。

【案例】

汽车生产物流

汽车装配生产线是一个生产系统，其装配流程如图 4—2—1 所示。这条生产线把车桥、发动机、车轮、变速箱、车厢等装配成一辆汽车，因此，它是汽车的生产系统。从物流的角度看，它又是一个物流系统：按照一定节拍运行前进的装配线传送带，载着汽车的骨架前行，经过各个装配工序，依次装配上发动机、车轮、变速箱、车厢等各个部件，最后变成一辆完整的汽车，汽车下线后进入成品库暂存待售。

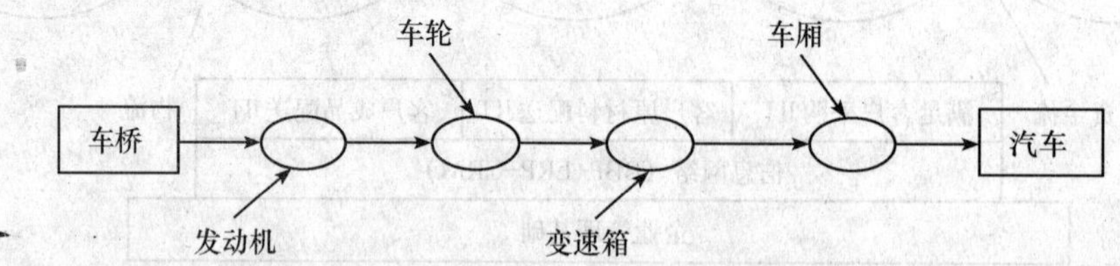

图 4—2—1　汽车装配流程

2. 生产物流的特征要求

生产物流的特征要求，也是合理组织生产物流的基本要求，表现为以下几个方面：

（1）物流过程的连续性。生产物流过程的连续性是指物料处于不停的运动之中，且流程尽可能短，它包括空间上的连续性和时间上的连续性。时间上的连续性是指物料在生产过程的各个环节，自始至终处于连续状态，没有或很少有不必要的停顿与等待现象。空间上的连续性要求生产过程各个环节在空间布置上合理紧凑，使物料的流程尽可能短，没有迂回往返现象。提高生产物流过程的连续性，可以缩短产品的生产周期，降低在制品库存，加快流动资金的周转，提高资金利用率。

（2）物流过程的平行性。生产物流过程的平行性是指物料在生产过程中实行平行交叉作业。一个企业通常生产多种产品，每一种产品又包含着多种零部件，加工装配式生产使实现物流生产过程的平行性成为可能。平行作业是指相同的零件同时在数台相同的机床上加工；交叉作业是指一批零件在上道工序还未加工完时，将已完成的部分零件转移到下道工序加工。显然，平行交叉作业可以大大缩短生产物流过程的周期。

（3）物流过程的节奏性。生产物流过程的节奏性是指产品在生产过程的各个阶段，从投料到最后完成入库，都能保证按计划有节奏、均衡地进行，能够在相等的时间间隔内，完成大体相等的工作量。节奏性与均衡性的含义基本相同，只不过它的时间间隔取得较小。均衡性一般以月、旬、日计，节奏性则以小时、分、秒计。节奏性一般用于大批量生产。生产物流过程不均衡会造成忙闲不均，既浪费资源，又不能保证质量，还容易引起设备、人身事故。

（4）物流过程的比例性。生产物流过程的比例性是指生产过程各个环节的生产能力要保持适合产品制造的比例关系。它是生产顺利进行的重要条件，如果比例性遭到破坏，则生产物流过程必将出现“瓶颈”。“瓶颈”制约了整个生产物流系统的产出，造成非“瓶颈”资源的能力浪费和物料阻塞，也破坏了生产物流过程的连续性。

（5）物流过程的适应性。生产物流过程的适应性是指生产过程的各个阶段、各个工序都按后续阶段和工序的需要生产。即在需要的时候，按需要的数量生产所需的零部件。生产物流过程的适应性将企业与用户紧密联系起来，用户需要什么样的产品，企业就生产什么样的产品，需要多少就生产多少，何时需要就何时提供。

二、企业生产物流组织

1. 企业生产物流的类型

按生产和物流的稳定性和重复性，可以分为大量生产、成批生产和单件生产。

（1）大量生产。大量生产的企业中，每个工作地固定地完成一道或少数几道工序，工作的专业化程度很高。生产品种单一，产量大，生产重复程度高，一般这类产品在一定时期内具有相对稳定的需求，生产与物流设备的专用性强。

（2）成批生产。成批生产的企业中，工作地为成批地轮番进行生产，一批相同零件加工完以后，调整设备和工装，再加工另一批其他零件，因此，成批生产的工作地专业化程度和连续性都比大量生产低。成批生产又根据产品的生产规模和生产的重复性分为大批、中批和小批生产，大批生产接近于大量生产，有大批大量之称；小批生产接近于单件生产，有单件小批之称。

（3）单件生产。生产品种繁多，但每种仅生产一件，生产重复度低；生产与物流设备必须采用通用设备。

2. 生产物流系统设计原则

生产物流系统的设计融合在企业生产系统设计中，但强调了物流环节的整体效益。如仓储系统设计和搬运系统设计等。企业进行生产系统设计时，不仅要考虑生产系统的布置适应生产能力的需要，而且像进料、临时储存，以及生产系统的搬运、调度、装箱、库存、运送等均应一并考虑。生产物流的一般设计原则是：

（1）功最小原则。物流过程中应尽量避免不增加任何附加价值却徒然消耗大量人力、物力和财力的现象，因此，物流“距离”要短，搬运“量”要小。

（2）流动性原则。良好的企业生产物流系统应保证物流顺畅，消除无谓停滞，力求生产流程的连续性。当物料向成品方向前进时，应尽量避免工序或作业间的逆向、交错流动或发生与其他物料混杂的情况。

（3）高活性指数原则。采用高活性指数的搬运系统，减少二次搬运和重复搬运量。

3. 企业生产物流的组织形式

生产物流的组织是相对于企业生产区域而言，目标是如何缩短物料在工艺流程中移动距离。一般有三种专业化组织形式：

（1）按工艺专业化形式组织生产物流。工艺专业化形式也称为工艺原则，是指按照生产工艺的特点来设置生产单位。在工艺专业化的生产单位内，集中着同种类型的生产设备和同工种的工人，对企业生产的各种产品或零件进行相同工艺方法的加工，如图 4—2—2 所示。

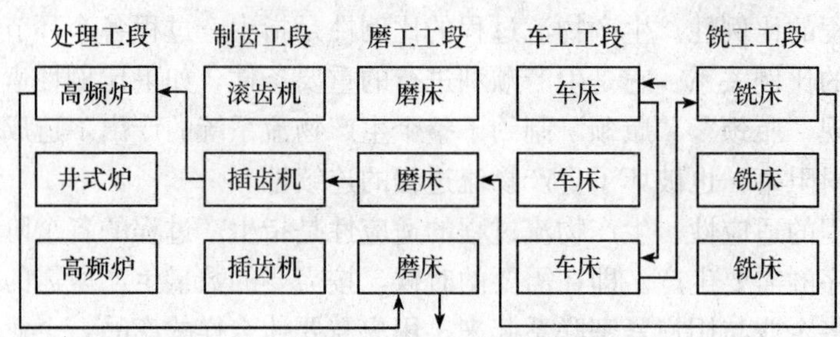

图 4—2—2 工艺专业化形式

工艺专业化形式的优点是：对产品品种的变化和加工顺序的变化适应能力强，不必重新布置工作地和调整设备与工艺装备；便于充分利用生产设备和生产面积，提高设备的利用率；由于每个生产单位只进行同一种工艺的加工，便于工艺管理和提高工人技术水平。

工艺专业化形式的缺点是：零件在车间之间往复搬运多次，加工路线长，运输费用提高；零件大量停放，使生产周期延长，流动资金占用量增加；车间之间的关系复杂，使计划管理、质量管理、在制品管理、生产控制等工作复杂化。

工艺专业化形式的适用条件：在企业生产规模不大，生产专业化程度低，产品品种不稳定的单件小批生产条件下，适宜于按工艺专业化组织生产物流。

(2) 按对象专业化形式组织生产物流。对象专业化也称为对象原则，是指以产品（零件、部件）为对象来设置生产单位。在对象专业化的生产单位内，集中了为制造某种产品所需要的各种不同类型的生产设备和不同工种的工人，对其所负责的产品进行不同工艺方法的加工。每一个生产单位基本上能独立完成该种产品的全部或大部分工艺过程，不用跨越其他的生产单位。如图 4—2—3 所示。

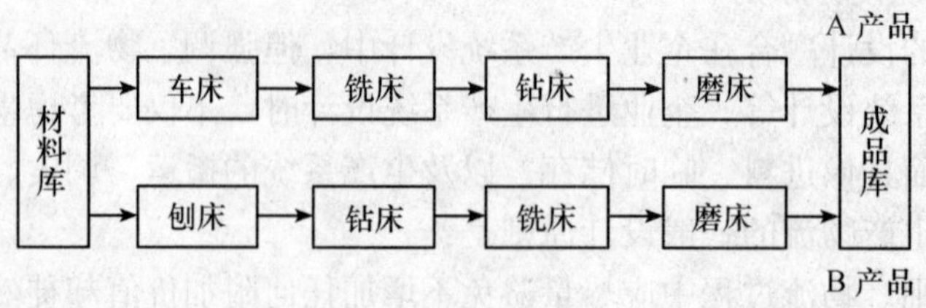

图 4—2—3 对象专业化形式

对象专业化形式的优点是：可以在一个车间内完成或基本完成零件的全部加工工序，缩短了产品的加工路线，节约运输的劳动量，减少生产和仓库面积；可以减少零件的停运时间，提高生产的连续性，缩短产品生产周期，减少在制品占用，节约流动资金；减少车间之间的生产联系，简化计划、管理等工作，有利于提高产品质量和加强车间管理。

对象专业化形式的缺点是：不能适应市场对产品要求的变化，应变能力弱；需要较多的生产设备，投资大；由于分散使用，设备的利用率较低。当产量不够大时，会出现生产面积和设备能力不能充分利用的情况。

对象专业化形式的适用条件：在企业专业方向已经确定，产品品种比较稳定，生产类型属于大量、大批生产，设备比较齐全并能有充分负荷的条件下，适宜于按对象专业化组织生产物流。

（3）按成组工艺形式组织生产物流。成组工艺形式是结合了上述两种形式的特点，按成组技术原理，把具有相似性的零件分成一个成组生产单元，并根据其加工路线组织设备。其主要优点是可以大大简化零件的加工流程，减少物流迂回路线，在满足品种变化的基础上有一定的批量生产，具有柔性和适应性。

三、现代物流生产运营方式

1. 以物料需求计划为指导的生产物流运营方式

物料需求计划，简称 MRP，是基于产品结构的物料需求组织生产，即根据产品结构的层次从属关系，以产品零件为计划对象，以完工日期为计划基准倒排计划，按各种零件与部件的生产周期反推出它们的生产与投入时间和数量，按提前期长短区别各个物料下达订单的先后顺序，从而保证在生产需要时所有的物料都能配套齐备。不到需要的时刻不要过早积压，达到减少库存量和减少占用资金的目的。

MRP 的原理是，由主产品进度计划和主产品的层次结构逐层逐个地求出产品所有零部件的出产时间、出产数量。如果是自己加工，就形成了加工任务单。如果是向外采购，就形成了采购任务单。因此，MRP 的基本任务是：

（1）从最终产品的生产计划（独立需求）导出相关物料（原材料、零部件等）的需求量和需求时间（相关需求）。

（2）根据物料需求时间和生产（订货）周期确定其开始生产（订货）的时间。MRP 的基本任务是编制零件的生产计划和采购计划。MRP 的依据是主产品进度计划、主产品结构清单、产品库存文件。它们之间的逻辑流程关系如图 4—2—4 所示。

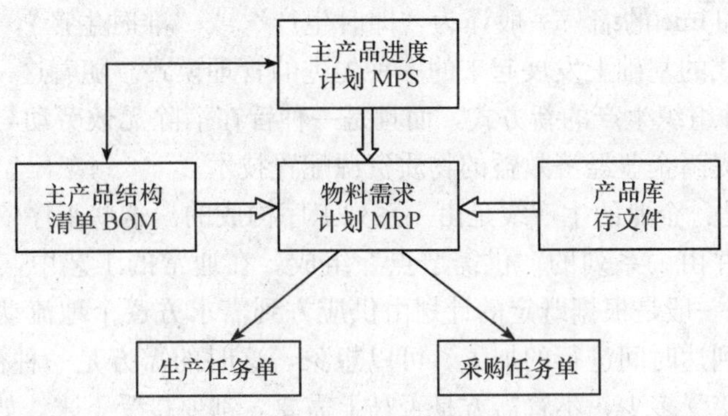

图 4—2—4　MRP 逻辑流程关系

1）主产品进度计划，简称 MPS。主产品进度计划是确定每一具体的最终产品在每一具体时间段内生产数量的计划。这里的最终产品是指企业最终完成、要出厂的完成品，它要具体到产品的品种、型号。这里的具体时间段，通常是以月为单位，在有些情况下，也可以是日、旬、月。主产品进度计划详细规定生产什么、什么时段应该产出，它是独立需求计划。主产品进度计划根据客户合同和市场预测，把经营计划或生产大纲中的产品系列具体化，使之成为展开物料需求计划的主要依据。

2）主产品结构清单，简称 BOM。主要反映主产品的层次结构、所有零部件的结构关系和数量组成。根据这一清单，可以确定主产品及其各个零部件的需要数量、需要时间和它们相互间的装配关系。

3）产品库存文件。包括主产品及其所有零部件的库存量、已订未到量和已分配但还没有提走的数量。

在 MRP 的基础上，增加了营销、财务、采购的功能，它是对企业的各种制造资源和企业生产经营各环节实行合理有效的计划、组织和协调，达到既能均衡生产，又能最大限度地降低各种物品的库存量，进而提高企业经济效益的管理方法。形成了制造资源计划即 MRPⅡ。

2. 以 ERP 为指导的生产物流运营方式

企业资源计划，简称 ERP。概括地说，ERP 是建立在信息技术基础上，利用现代企业的先进管理思想，全面地集成了企业所有资源信息，为企业提供决策、计划、控制与经营业绩评估的全方位和系统化的管理平台。其核心管理思想是供应链管理。即在 MRPⅡ的基础上通过前馈的物流与反馈的资金流和信息流，把客户需求和企业内部的生产活动以及供应商的制造资源整合在一起，体现完全按用户需求制造的一种供应链管理思想的功能网络结构模式。它强调通过企业间的合作，强调对市场需求快速反应、高度柔性的战略管理以及降低风险成本、实现高收益目标等优势，从集成化的角度管理供应链问题。ERP 的特征为：

（1）ERP 是一个面向供应链管理的管理信息集成。

（2）系统功能模块化。

（3）采用计算机和网络通信技术的最新成就，实现信息的高度共享。

（4）ERP 系统同企业业务流程重组是密切相关的。

3. 以 JIT 为指导的生产物流运营方式

JIT 是 Just In Time 的缩写一般译为“即时生产”或“准时生产”，该技术是在日本丰田汽车公司生产方式的基础上发展起来的一种先进的管理模式。随着这一管理模式的不断完善，JIT 不仅是一种组织生产的新方式，而且是一种旨在消除无效劳动与浪费、实现企业资源优化配置、全面提高企业经济效益的物质资源配置技术。

JIT 基本原理是：企业的生产线是由一系列工序构成的。这些工序依次组成了相互衔接的供需链状结构，并由一系列的“供需节点”组成。在通常的工艺中，包括在前面所说的 MRP 系统中，产品一般是根据既定的计划由供应方到需求方逐个地流动的，需求方是根据供应的产品数量、到达时间进行的加工。可以想象，这时的需方是一种被动式的接受方式。供方来多少，就要接受多少，不管需方是否马上需要，都要接受下来，如果不马上需要，就只有送仓库储存起来。这样必然导致库存量增加、费用增多。JIT 技术就是要改变这种做法，改变由供方向需方的推进式计划为由需方向供方的拉动式计划，即需方居主动地位。需方需要什么品种、需要多少、什么时候要、在什么地点要，完全由需方向供方发出指令。供方根据需方的指令，将需方所需的品种按需求的数量，在所需的时间运送到指定的地点。不多送，也不少送；不早送，也不晚送。运送的品种要保证质量，不能有废品。达到这种思想，是以需定供的。

JIT 技术在物资资源配置上体现了以下几个要点：

（1）品种配置上，保证了品种的有效性，拒绝不需要的品种。

（2）在数量的配置上，保证了数量的准确性，拒绝了多余的数量。

（3）在时间的配置上，保证了所需的时间，拒绝了不按时的供应。

（4）在供应的产品质量方面，保证了产品质量，拒绝了次品或废品的供应。

这种供应方式的优点表现为：

（1）可以实现线边零库存。生产线需要多少，就供应多少。生产线运行结束时，线边没有多余的库存品。

（2）可以实现最大的节约。生产不需要的或多生产的物资就是一种浪费，不但浪费材料和工时，还要花费装卸、搬运以及库存费用去保管。

（3）可以最大限度地消除废品损失，提高工作效率。JIT 能最大限度地限制废品的流动造成的损失；废品只停留在供应方，不可能进入生产线继续流动而贻害下面各个工序，因为每一个需方都只接受合格产品，拒绝废品。所以，这样做的结果，大大提高了工作效率和经济效益。

【案例】

丰田公司的生产物流管理

丰田公司的看板管理是一种生产现场管理方法。它是利用卡片作为传递作业指示的控制工具，将生产过程中传统的送料制改为取料制，以“看板”作为“取货指令”“运输指令”“生产指令”进行现场生产控制。看板作为可见的工具，通过系统的物流，使企业生产各工序、车间之间按照卡片作业指示，协调一致地进行连续生产。同时，促使企业的产、供、销各部门密切配合，有效和合理地组织输入、输出物流，满足市场销售需要，实现整个生产过程的准时化、同步化和库存储备最小化，即所谓零库存，保证企业取得良好的经济效益。

1. “看板管理”的原理

由图 4—2—5 可以看出，“看板管理”是由代表客户需求的订单开始，根据订单按产品结构自上而下进行分解，得出完成订单所需零部件的数量。生产控制人员检查现有零部件库存，是否能满足订单的要求，如果不足，就由最后一道加工工序开始，反工艺顺序地逐级“拉动”前面的工序。在此过程中，看板起到指令的作用，通过看板的传递或运动来控制物流。

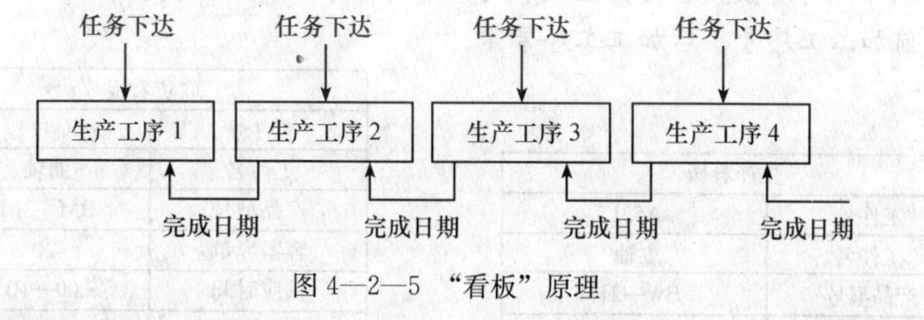

图 4—2—5　“看板”原理

2. “看板管理”的过程

日本丰田公司利用看板进行生产现场管理的过程如图 4—2—6 所示：在总装配线上有许多工位，每个工位有相应的存料点。各加工线上有多个工序，每个工序附近有两个存料点：一为进口点存料点，用以存储上一工序已加工完毕、本工序准备加工的零部件；二为出口点存料点，用于存储本工序已加工完毕，供下道工序随时提取的零部件。当总装线收到一个作业计划后，它按该计划要求的品种、数量进行作业，在各工位存料点中抽取总装配所需的零部件，使各工位存料点库存减少。

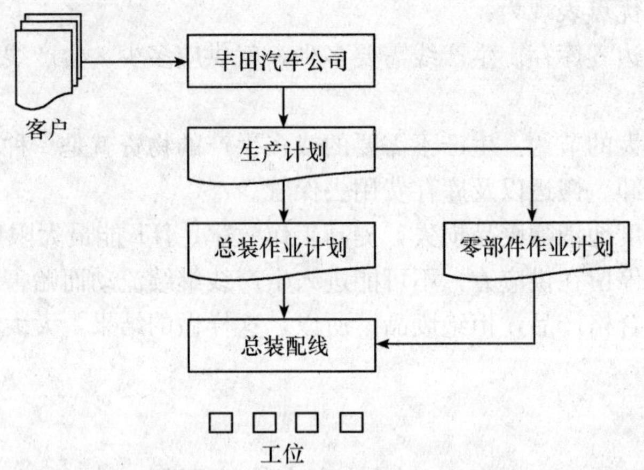

图 4—2—6　丰田看板管理系统运作

各工位存料点为补充库存，就到各子装配线出口存料点提取零部件。各出口存料点为保持定额，又从相应的工序按照生产需要取走一定数量的零部件。这样，就形成一条向上游工序的“链”，使整个物流按总装配的要求同步运动。

3. 看板的形式和分类

看板形式很多。常见的有塑料夹内装着的卡片或类似的标识牌、存件箱上的标签、流水生产线上各种颜色的小球或信号灯、电视图像等。

看板主要可以分为生产看板和取货看板两种不同的类型。

(1) 生产看板（见图 4—2—7）是在工厂内指示某工序加工制造规定数量工件所用的看板。内容包括需加工工件的件号、件名、类型、工件存放位置、工件背面编号、加工设备等。

(2) 取货看板（见图 4—2—8）是后工序的操作者按看板上所列件号、数量等信息，到前工序领取零部件的看板。它指出应领取的工件的件号、件名、类型、工件存放位置、工件背面编号、前加工工序号、后加工工序号等。

生产看板	
工件号	A52L
工件名	主轴
产品型号	Bw—2170
容器容量	30
所需物料	5#黑色漆
存放于	三车间 3.6 储藏室

图 4—2—7　企业生产看板

取货看板	
工件号	G423
工件名	曲轴
产品型号	BM—3615
容器容量	20
供应时间	9:00—10:30
存放于	6D-13-6
前道工序	机加工
后道工序	喷漆

图 4—2—8　企业取货看板

请问：看板管理的基本思想是什么？要实行看板管理需要具备哪些条件？

思考与练习

1. 企业生产物流的组织形式有哪些？各具有哪些特点？

2. 分析生产物流的具体案例，并进行讨论交流。

第三节 销售物流活动

一、企业销售物流的含义

1. 企业销售物流的概念

企业销售物流又称分销物流，是指生产企业、流通企业出售商品时，物品在供方与需方之间的实体流动。

销售物流是企业物流系统的最后一个环节，是企业物流与社会物流的又一个衔接点。它与企业销售系统相配合共同完成产成品或商品的销售任务。企业的产品只有经过销售才能实现其价值，从而创造利润，实现企业的价值。销售物流是企业在销售过程中，将产品的所有权转给用户的物流活动，是产品从生产地到用户的时间和空间的转移，是以实现企业销售利润为目的的经营活动。销售物流是包装、运输、储存、配送等环节的统一，是企业物流的最后一个环节，也是企业物流与社会物流的转换点。

2. 销售物流的基本要素

（1）包装。包装是企业生产物流系统的终点，也是销售物流系统的起点。包装具有防护功能、仓储功能、运输功能、销售功能和使用功能，也是物流系统中不可缺少的一个环节。

（2）成品储存。客户对企业产成品（商品）的可得性非常敏感，缺货不仅使客户需求得不到满足，而且还会提高企业进行销售服务的物流成本。为了避免缺货，企业可以提高自己的存货水平，可以帮助客户进行库存管理。当一个客户的生产线上需要流进成百甚至上千种不同的零部件时，其供应阶段的库存控制任务是非常复杂的，在这种情况下，企业帮助客户管理库存不仅十分必要，而且还能够稳定客源，便于与客户的长期合作。

（3）订单及信息处理。为使库存保持最低水平，客户会在考虑批量折扣、订货费用和存货成本的基础上，合理地频繁订货。企业若能为客户提供方便、经济的订货方式，就能引来更多的客户，因此，免费电话订货服务、预先打印好订货表，甚至为客户提供远程通信设备等服务应运而生。但同时，客户更关心交货日期及其可靠性，希望供货方能够将订单处理与货物装运的进程及时通知客户，特别当与预期的服务水平已经或将要发生偏差时，更是这样。

（4）发送运输。不论销售渠道如何，也不论是消费者直接取货，还是生产者或供应者直接发货给客户（消费者），企业的产成品都要通过运输才能到达客户（消费者）指定的地点。而运输方式的确定需要参考产成品的批量、运送距离、地理位置等条件。

（5）装卸搬运。客户希望在物料搬运方面的投资最小化，例如，客户要求供应商以其使用尺寸的托盘交货，也有可能要求将特殊货物集中在一起装车，这样他们就可以直接再装运，而不需要重新分类。装卸搬运物流要考虑装卸搬运机器和器具、装卸搬运方式、省力化、机械化、自动化以及智能化等。

【案例】

国美物流系统

从供应链的角度看，国美电器的物流系统可以简单地分为采购、配送和销售三个部分。在这三个部分中，产品的销售是核心部分，也是构成国美电器核心竞争能力的部分。

国美电器的经营理念是薄利多销、优质低价、引导消费、服务争先，依托连锁经营搭建强大的销售网络。国美电器凭借庞大的销售体系和较大的市场份额，和生产厂家合作，创建了承诺经销这种新型供销模式，以大规模集团采购来降低采购成本，增强采购能力，支撑销售，保障利润。为了保障这个庞大的销售体系的正常运转，国美电器还必须建立强有力的仓储与配送体系。正是采购、销售、配送这三个重要环节的有机而有力地和谐运转造就了国美电器今天的辉煌。

二、企业销售物流合理化

现在越来越多的企业不是让批发商承担本企业产品的销售物流，而是建立直接的销售物流系统，向位于流通最后环节的零售店直送产品。因此，企业越来越关注销售物流合理化的问题。目前，销售物流合理化的形式是多种多样的。有大量化、计划化、商物分离化、差别化、标准化、共同化等形式。

1. 大量化

这是通过增加运输量使物流合理化的一种做法，一般通过延长备货时间来实现，如企业把“当日配送”改成“次日配送”，或由“每日配送”改为“周日指定配送”等。这样能够掌握配送货物量，大幅度提高配送的装载效率。现在以延长备货时间来增加货运量的做法，已被越来越多的厂商广泛采用。

大量化运输策略是一种增大一次物流批量折扣收费的办法。它与过去那种按体积折扣收费的做法不同，通过“大量发货减成收费”奖励对方。如某洗涤剂厂与销售公司商定，如果以托盘装载的货车、大型卡车或双轮拖车为单位订货，则按货物的批发价格减1%收费，这被称为“集装货物减成收费”。特约经销商如果以卡车和货车为单位向平板玻璃厂订货，则根据订货数量减成收费，这被称为“大量发货减成收费”。这种因实行物流合理化而节约的金额，由双方合理分享，对于销售物流合理化是特别重要的。

2. 计划化

通过巧妙地控制客户的订货，使发货大量化、稳定，这是实行计划运输和计划配送的前提。为此，必须对客户的订货按照某种规律制订发货计划，并对其实施管理。例如，按线路配送、按时间表配送、混装发货、利用归途车等各种措施，被用于运输活动之中。由于发货、配送等活动都能按计划进行，这样就节约了费用，并简化了订货手续，同时还做到了有计划地生产。但这种计划化销售物流，要看需求预测的准确程度如何。如果计划不准确，可能导致客户增大库存或失去销售良机。因此，计划化是以商标绝对可靠、商品在客户中占优势地位为前提的。

3. **商物分离化**

是指订货活动与配送活动相分离。这样就把自备卡车运输与委托运输，乃至共同运输联系在一起了。而且，利用委托运输可以压缩固定费用的开支。由于共同运输提高了运输效率，从而大幅度节省了运输费用。

此外，还有销售设施与物流设施在功能方面的商物分离。这种商物分离有以下两种情况：一种是在同一企业内部；另一种是与交易对象之间的。前者是把负责一定范围的物流据点合并起来，以加强公司内部物流管理的一种措施。这样做既可以压缩流通库存，解决交叉运输等问题，又有利于生产企业货物运输的大批量化。因设施集中合并，扩大了配送距离，也产生了因库存压力大影响销售积极性、紧急配送困难等不利因素。后者是通过与交易对象的合作，力求减少中途物流环节。例如，原来是生产厂——销售经营部仓库——代理商仓库——顾客的流通路线，现在，由于两者的合作，把销售经营部仓库和代理商仓库合并起来，流通路线缩短为生产厂——“区域配送中心”——顾客。这种商物分离的做法，把批发和零售从大量的物流活动中解放出来，可以把这部分力量集中到销售活动上，这样生产厂的整个流通渠道，不仅实现了物流效率化，流通的系统化也进一步得到了加强。

4. **差别化**

根据商品周转的快慢和销售对象的规模大小，把保管场所和配送方式区别开来，这就是利用差别化方法实现物流合理化的策略。即一种方法是实行周转较快的商品群分散保管；周转较慢的商品群尽量集中保管的原则，以做到压缩流通阶段的库存，有效利用保管面积，库存管理简单化等。

另一种方法是根据销售对象决定物流的方法。例如，供货量大的销售对象从工厂直接送货；供货量分散的销售对象通过流通中心供货，使运输和配送方式区别开来。对于供货量大的销售对象，每天送货；对于供货量小的销售对象集中一周配送一次等，把配送的次数灵活掌握起来。无论哪一种形式，在采取上述方针时，都把注意力集中在解决降低物流费用与提高服务水平之间的矛盾关系上。

5. **标准化**

标准化对销售批量规定了订单的最低数量，这样会明显地提高配送效率和库存管理效率。如化妆品企业采用了对小卖店不批发单一品种商品，只批发成套商品的“限制制度”，显著地削减了拣配和配货作业人员，大幅度提高了订单处理和库存管理等物流管理效率。这种标准化所带来的物流合理化，在今天的制药企业中到处可见。

6. **共同化**

物流合理化中，最有效的措施是共同化。从各主体之间的关系来看，共同化可分为由本行业企业组合而形成垂直方向的共同化和与其他行业公司之间联合而形成的水平方向的共同化两类。前者的目的在于，通过集团企业内的物流一元化，实现物流活动效率化。如家电行业中，生产商和销售公司的共同保管和共同配送等做法，就属于这类例子。后者为水平方向结合起来的共同化，大体分为以单一企业为主导的共同化和以行业为中心的共同化。这类共同化的动机是为了减少物流设施投资或实现质量管理方面的法律制度化等。其前提是，存在发挥主导作用的主体及对象物品销售上具有同一性和质量上的一致性等。

三、销售物流管理

1. 企业销售物流的功能

销售活动的作用是企业通过一系列营销手段出售产品，来满足消费者的需求，实现产品的价值和使用价值。企业销售物流的主要功能有：

（1）市场调查和需求预测。为企业的产品开发和生产技术系统提供准确的市场信息。调查和预测的对象包括国内外的传统市场、新市场和潜在市场。

（2）开拓市场和制定销售产品的方针和策略。包括销售渠道、营销组合、产品定价等。

（3）编制销售计划。正确确定计划期产品销售量和销售收入两个指标，满足社会需要，保证产品衔接。

（4）组织、管理订货合同。包括组织签订合同、检查执行合同和处理执行合同中的问题。

（5）组织产品推销。包括产品的商标与装潢设计、广告宣传、试销试展、派员推销以及市场信息反馈等。

（6）组织对用户的服务工作。包括产品安装调试，使用与维修指导，实行“三包”，提供配件以及售前、售后征求用户意见等。

（7）成本分析。对销售费用与销售成本进行分析，不断提高销售的经济效益和销售管理工作的水平。

2. 销售物流管理的内容

（1）收集、掌握和分析市场需求信息（包括需求量、需求分布、需求变化规律）、供需态势、竞争态势，制定市场战略和物流战略。

（2）规划销售物流方案，规划物流网络布局；根据物流网络规划，设计策划销售物流总体运作方案。

（3）规划销售物流总体运作方案，设计规划各个物流网点、进行网点建设方案、网点内部规划（库区规划、货位规划等）、网点运作方案。

（4）策划设计运输方案、配送方案。

（5）策划设计库存方案。

（6）策划设计包装装卸方案。

（7）策划设计物流运作方案实施的计划、措施。

（8）物流运作过程的检查、监督、控制、统计和总结。

（9）物流业绩的检查、统计和小结。

（10）物流人员的管理、激励。

（11）物流技术的开发和运用等。

四、订单管理

订单管理分向供应商采购货物的订单管理和接受顾客订货的订单管理两部分。

在向供应商下采购订单时，要考虑货物未来的需求、安全库存、缺货率、服务水平、每次订货量等因素。

接受客户订单管理比较复杂，一般接受订单的方式有电话订购、传真订购、电子媒体或者 EDI 方式等，还有物流中心以外包方式，由信息公司统筹所有的接单事宜，包括订单的确认、分类、整理，然后直接下拣货单给物流中心出货。订单管理的内容包括订单传递、订单处理、订单分拣和集合。

1. **订单管理要注意的问题**

（1）接受订单时，先检查顾客的信用，以便减少风险。确定没有风险后再检查库存，包括现有库存、已采购和入库的数量以及已接受订单但还未出货的数量，以决定是否有足够的货物满足顾客的需求；如果库存不足，要告诉客户可能送达的时间，或征求客户的意见是否可以将现有的货物先出货，并将客户反馈的意见记录下来，作为以后改进工作的参考依据。

（2）在确定库存以后，便要计算出货配送的能力。首先要计算出每张订单从拣货到出货所要花费的时间。如果接受的订单超过了出货能力，则不能按照顾客的需求及时将货物送达，或不接受订单，或告诉顾客看是否能延迟送货时间。另外，还要考虑配送能力，如配送区域、路线，如果同一路线上订单超过配送能力，而且没有闲置的车辆，配送时间便会受到影响，进而影响货物送达顾客的时间。如果因库存不足或运输配送能力不足等而无法及时送货的订单应该由专人处理，并及早通知客户，预先做好补救措施，以减少顾客抱怨。另外，还应该对整个物流作业的过程进行监控，及时掌握作业进行的进程，以便顾客查询。

（3）进行订单管理，应该尽量简化订单处理的流程，提高效率，尽量缩短订货周期，减少缺货现象。

（4）不要忽略小客户，小客户的订货虽小，但可能是大批买卖的前驱，而且大客户也有小批量的时候。最重要的是当客户与企业建立了稳定而信任的供销关系以后，将为以后的继续订购奠定良好的基础。

（5）注意控制和解决订单处理中的波峰现象。所谓波峰现象是指大量的客户几乎集中在同一时间发出订货单，使订单处理系统超负荷而延误订单的及时处理，从而造成整个订货周期的时间延长，企业客户服务订单水平下降。解决波峰现象的关键是控制客户发出订单的日期，企业如果影响客户的订货日期，就能使订货平衡，减少订单处理工作中的波峰和波谷现象。

2. **订单处理要考虑的因素**

有其他许多因素会加快或延缓订单处理的时间。这些因素源于运营过程、客户服务政策以及运输操作等多个方面。

（1）订单处理的先后顺序。某些企业会排定客户清单的先后顺序，用这种方法把有限的时间、生产设备能力以及人力资源，配置到更有利可图的订单上。在此过程中，他们将改变订单处理的时间。享有较高优先等级的订单会被优先处理，而那些优先等级较低的订单则要留待稍后进行处理。另一种排序方法是，企业按照订单收到的先后次序进行处理。尽管后者看起来似乎对所有的客户更加公平，但是，其实并没有必要这样做。而且将所有的客户同等对待的做法，还可能会延长订单的平均处理时间。有些企业虽然可能不会明确指出订单处理的先后顺序，但总会实际执行一些心照不宣的处理原则。

（2）并行处理与顺序处理。有时精心安排订单处理流程中的各项工作，能显著缩短订单处理的时间。如果完全依次来完成各项工作，订单处理时间是最长的；如果几项工作同时进行，总的订单处理时间就会缩短。如果仅仅做一个微小的改动，即可将一份订单复制多份，这样，销售经理在查看其中一份副本的同时，便可进行订单信息转录和客户信用核查（并行处理）工作，从而缩短了订单处理时间。

（3）订单履行的准确度。如果企业能够准确无误地完成客户订单的处理周期，不产生任何错误，那么订单处理时间很有可能是最短的。尽管错误可能在所难免，但是，如果企业将订单处理时间看成是经营管理的首要因素，就应该严格控制出错的次数。

（4）订单的批处理。把订单收集成组，进行批处理，可以降低处理成本。如果把持有的订单直至达到一定批量时再处理，则会增加订单的处理时间，对那些先收到的订单尤其如此。

（5）合并运输。与订单批处理类似，企业也可能保留客户订购的货物，直至达到一定的经济运输批量，即将几个小订单的货物集中在一起，组成较大的运输批量，以降低运输成本。这样，虽延长了订单处理时间，却可以减少运输成本。

思考与练习

1. 销售物流管理的目标是什么？

2. 销售物流管理要考虑的因素有哪些？

3. 在销售过程中，药品流通环节多，如总代理、地区代理、市级代理、一级代理、二级代理、三级代理等，经销商在销售中层层加价，在利益的驱动下药品的流通环节出现了问题。从物流角度思考，要降低药价必须减少流通环节。你认为应该怎样做？

4. 企业销售调查训练

（1）训练目的。通过对工商销售企业的调查，了解销售对象、销售渠道、产品线、市场服务策略等，对销售物流活动进行认知和问题分析。

（2）训练内容及活动安排。分成两个小组，分别就工业企业和商业企业的销售情况进行调研，就销售方案的制订、消费者类型、销售渠道选择、销售方式、售后服务等方面进行分析，分别写成调查报告。派代表进行调查报告的汇报。

5. 案例分析

家乐福1995年正式进入中国市场后，之所以会如此快地进行扩张，就是因为它独立地建立和发展了自己的供应商网络。

（1）市场开拓理念。家乐福在开拓市场的时候形成了一套独特的方法，它的做法是：一人开辟一个市场；进行深入的市场调查。

（2）选址特色。“Carrefour”的法文意思就是十字路口，而家乐福的选址也不折不扣地体现这一个标准：几乎所有的家乐福店铺都开在了路口，并且巨大的招牌500 m开外都可以看得一清二楚。根据经典的零售学理论，一个大卖场的选址需要考虑以下三个方面因素并经过详细的测算。

1）商圈内的人口消费能力。

2）所选区域内的城市交通和周边的商圈的竞争情况。

3）顾客群体的构成。

（3）经营管理。以商品的高流转率进行商品的选择。同时，在具体的营运管理方面，涉及家乐福的具体营运管理，可以用“Retail Is Detail”这句简洁无比的英语来解释。沃尔玛经典的“以速度抢占市场”的哲学被家乐福占了先机。

(4) 总结。一个能够有效运作的物流系统的基础在于市场调研，本案例中的家乐福自进入中国大陆市场开始，到完整的采购直至销售全过程价值链的形成，给我们耳目一新的感觉。一个外国零售企业，在我国走过了从进入、站稳到发展的历程，不能不说是给我们很多本土企业家上了一堂精彩的企业管理课程。入乡随俗式的市场进入方式，因地制宜的商圈分析，有效的消费者群体划分，颇具特色的经营理念等构成了独特的家乐福运营模式，这些做法对逐步进入国际市场竞争舞台的中国企业来说是需要认真分析和借鉴的。

(5) 特点及启示。主要包括以下几个方面：

1) 本土化。能紧密与周围环境快速结合是家乐福成功进入我国市场的一个突出特点。从选址的第一步环境调查开始，家乐福就体现出了本土化的特点，它招聘本地人协助总经理了解当地情况，组建一条适应当地消费者需求特点的采购链。

2) 有中国特色的商圈分析。家乐福根据中国消费者的实际条件所进行的商圈分析，最终被证明是正确有效的。它能与商圈范围内的消费小环境有效融合。

3) 商品结构的最优化。家乐福以商品的高流转率来进行商品选择和实现商品结构的优化，这是一个较为独特的视角，实际上是对“消费者选票”理论的反向应用。

4) 各运作方式制度化。家乐福的具体营运的管理非常注重细节，建立了一套复杂的程序和规则，员工必须严格执行，这也是保证家乐福得以发展的基础。

问题：

(1) 在影响配送中心或大型卖场业绩的各种因素中，其影响程度和权重应该怎样确定？

(2) 零售商业企业应如何收集顾客群体的相关资料？如何能在最短的时间里形成系统化的、有实际价值的信息？

(3) 总结家乐福在我国许多城市经营成功的最基本原因。

第五章

国际物流活动

第一节 国际物流

一、国际物流及其特点

1. 国际物流的含义

国际物流是相对国内物流而言的，是不同国家之间的物流，是跨国界的、流通范围扩大了的物品的实体流动，是国内物流的延伸和进一步扩展。国际物流是国际贸易的一个重要组成部分，各国之间的相互贸易最终都将通过国际物流来实现。

2. 国际物流的基本活动

国际物流除了包含与国内物流一样的运输、保管、包装、装卸、流通加工和信息等活动之外，还有特有的报关（包含检验、检疫等活动）和相关文书单证制成等活动。

3. 国际物流的特点

国际物流与国内物流比较有以下明显的特点：

（1）物流环境存在差异。各国物流环境的差异是国际物流一个非常显著的特点，尤其是物流软环境的差异。不同国家的物流适用法律不同，经济和科技发展水平不同，物流标准不同，风俗文化不同，都会使国际物流受到很大限制。由于物流环境的差异，一个物流系统需要在不同法律、人文、习俗、语言、科技、设施的环境下运行，无疑会大大增加物流的难度和系统的复杂性。

（2）采用的主要运输方式多样化。国际物流以远洋运输为主，并由多种运输方式组合。国际物流运输方式有海洋运输、铁路运输、航空运输、公路运输以及由这些运输手段组合而成的国际复合运输方式（国际多式联运）等。国际运输方式的选择和组合不仅关系到国际物流交货周期的长短，还关系到国际物流总成本的大小。运输方式选择和组合的多样性是国际物流一个显著的特征。海运是国际物流运输中最常用的方式，特别是远洋运输是国际物流的重要手段。空运是近年来国际物流运输中发展很快的方式。在国际物流活动中，由于“门到门”的运输方式越来越受到货主的欢迎，使得能满足这种需求的国际多式联运得到了快速发展，逐渐成为国际物流中运输的主流。

（3）信息沟通方式现代化。国际化信息系统是国际物流，尤其是国际多式联运非常重要的支持手段。国际物流信息系统的建立更为困难，主要是因为：一是管理困难；二是投资巨大；三是国际上地区间物流信息水平不均衡。当前建立国际物流信息系统一个较好的办法是和各国海关的公共信息系统联机，以及时掌握有关各个港口、机场和联运线路及站场的实际状况，为供应或销售物流决策提供支持。国际物流是最早发展 EDI 的领域，以 EDI 为基础的国际物流将会对物流的国际化产生重大影响。

（4）国际物流的标准化要求较高。要使国际间物流畅通起来，统一标准是非常重要的。如果没有统一的标准，国际物流水平将难以提高。目前，美国、欧洲基本实现了物流工具、设施的统一标准，如托盘采用 1 000 mm×1 200 mm，集装箱的几种统一规格及条码技术等，这大大降低了物流费用，降低了转运的难度。而不向这一标准靠拢的国家，必然在转运、换车等许多方面多耗费时间和费用，从而降低其国际竞争能力。

（5）面临的风险加大。国际物流的风险主要包括政治风险、经济风险和自然风险。政治风险主要指由于所经过国家的政局动荡，如罢工、战争等原因造成货物可能受到的损害或损失；经济风险又可分为汇率风险和利率风险，主要指从事国际物流必然要发生资金流动，因而产生汇率风险和利率风险；自然风险则指物流过程中，可能因自然因素，如台风、暴雨等而引起的风险。

二、国际物流系统的组成

国际物流通过商品的储存和运输，实现其自身的时间和空间效益，满足国际贸易活动和跨国公司经营的要求。一个完善的国际物流系统应包括如下子系统：

1. 国际货物运输子系统

国际货物运输是国际物流系统的核心，它创造了物流的空间效应。通过国际货物运输作业，实现了商品由发货方到收货方的转移，这种国际货物运输具有路线长、环节多、涉及面广、手续繁杂、风险性大、时间性强、内外运两段性和联合运输等特点。

2. 仓储子系统

商品流通是一个由分散到集中，再由集中到分散的源源不断的流通过程。储存保管克服了外贸商品使用价值在时间上的差异，创造商品的时间价值。国际贸易和跨国经营中的商品从生产厂或供应部门被集中运送到装运港口，有时需临时存放一段时间，再装运出口，是一个集和散的过程。因此，它是港口装运系统与国际运输作业的有机衔接。由于商品在储存进程中有可能降低其使用价值，因此，必须尽量缩短储存时间，加快周转速度。

3. 进出口商品装卸与搬运子系统

进出口商品的装卸与搬运作业，是保证商品搬运和保管连续性的一种物流活动。搞好商品的装船、卸船，商品进库、出库以及在库内的清点、查库、转运转装等，对加速国际物流十分重要，它不仅可以节省装卸搬运费用、降低物流成本，而且可以减少运输和保管之间的摩擦，充分发挥商品的储运效率。

4. 商品检验子系统

商品检验是为了提高物流效率与物资利用率的一种物流活动。由于国际贸易和跨国经营具有投资大、风险高、周期长等特点，使得商品检验成为国际物流系统中重要的子系统。我国商检机构在对外贸易中，主要是通过商品检验，确定交货品质、数量和包装条件是否符合合同规定。如发现问题，可分清责任，向有关方面索赔。在买卖合同中，一般都订有商品检验条款，其主要内容有检验时间与地点、检验机构与检验证明、检验标准与检验方法等。

5. 商品包装子系统

商品的包装在整个物流运作系统中非常重要。杜邦定律（美国杜邦化学公司提出）认为，63%的消费者是根据商品的包装装潢进行购买的，国际市场和消费者是通过商品来认识企业的，企业商品如果能实现包装标准化，就可以提高运输与装卸、仓储等的效率，大大加快商品物流的运转速度。

在考虑出口商品包装设计和具体作业过程时，应把包装、储存、搬运和运输有机联系起来统筹考虑，全面规划，实现现代国际物流系统所要求的“包、储、运一体化”。

6. 进出口商品的流通加工子系统

流通加工可以促进销售，提高物流效率和物资利用率，是为维护产品的质量而采取的，能使物资或商品发生一定的物理和化学及形状变化的加工过程。流通加工既包括分装、配装、拣选等出口贸易服务，也包括套裁、拉拔、组装、服装烫熨等生产性外延加工。这些加工不仅能使商品更好地满足消费者的需要，扩大出口，同时也是充分利用本国劳动力和部分加工能力，扩大就业机会的重要途径。

7. 国际物流信息子系统

其主要功能是采集、处理和传递国际物流和商流的信息情报。没有功能完善的信息系统，国际贸易和跨国经营将寸步难行。国际物流信息系统的特点是信息量大、交换频繁；传递量大、时间性强；环节多、点多、线长。所以，要建立技术先进的国际物流信息系统。国际物流信息的主要内容包括进出口单证的作业过程、支付方式信息、客户资料信息、市场行情信息和供求信息等。

三、国际物流系统模式

1. 国际物流系统的基本模式

国际物流系统的基本模式包括：系统的输入部分、系统的输出部分以及将系统的输入转换成输出的转换部分。在系统运行过程中或一个系统循环周期结束时，有外界信息反馈回来，为原系统的完善提供改进信息，使下一次的系统运行有所改进，如此循环往复，使系统逐渐达到有序的良性循环。国际物流独特的物流系统模式如图 5—1—1 所示。

除上述三项主要功能外，还经常有许多外界不可控因素的干扰，使国际物流系统运行偏离原计划内容。这些不可控因素包括国际的、国内的、政治的、经济的、技术的和政策法令、风俗习惯等，它们对物流系统的影响很大，如果物流系统具有很强的应变适应能力，遇到这种情况，如果能够及时地调整原来的计划，就可以取得良好的成果；但如果不能迅速适应新变化，则会受到很大的损失。

2. 国际物流系统网络模式

国际物流系统作为一个涵盖范围广泛的开放系统，其有效运行，是通过具有独特功能、相互关联的各子系统的有效运作和密切协调来实现的。只有这样，才能以系统化的服务，满足国际贸易活动的需要，实现国际物流系统的正常运行。由于国际物流系统的实施表现为各子系统的相互协同和交互作用的过程，即在国际信息流系统的支撑之下，在进出口中间商的通力协助下，通过运输、储存、包装和加工等一般性和增值性物流作业（通常是在第三方物流供应商的参与下进行的），利用特定的国际物流方式和设施，共同完成的一个世界范围内的商品实体移动过程。因而，国际物流系统也就必然表现为一个各子系统纵横交错、密切配

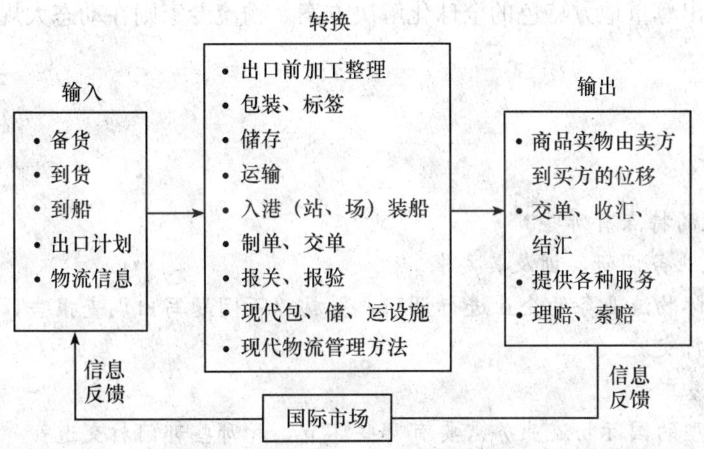

图 5—1—1 国际物流系统模式

合的物流网络。

3. 国际物流系统整合模式

企业资源计划、高级计划与定时系统、客户关系管理和网络技术等一系列高新技术的发展，使得各种国际物流模式的设计成为可能。但无论何种模式，大都是基于合作而展开的，它们一般包括以下三个整合特征：

（1）功能整合。有效的作业与物流管理的目标不仅仅在于将各种作业功能（制造、物质配送、售后服务等）所引起的物流进行的良好协调，更在于怎样将各种目标和其他对物流设计与管理有影响的功能活动有效地整合在一起。如果营销、物流和制造为了协调起来而能定位于各种共有活动之中，那么，新产品的投入、老产品的退出、促销活动以及包装或营销渠道的选择，这一系列的活动中都将蕴含着极大的发展潜能。

（2）领域整合。在传统的供应链中，供货商、制造商、零售商和顾客相互独立地最优化各自的物流和生产作业。但以上参与者在其各自过程中，将不可避免地重复运作某一程序，从而导致整个系统成本的增加。为了解决这个问题，可以在交叉协作作业中尝试领域整合，即协作作业的方向同时由生产者和销售者实施的解决方案所限定。在消费品快速变化的领域中，实施有效消费者响应计划，由客户需求来拉动方案的解决而不是由产品供给所推动。领域整合的另外一个主要角色就是第三方物流，第三方物流经过对传统货运者之间大量的联盟、合并与兼并，目的是为生产者与销售者提供正确且高效的解决方案，从而支撑和促进所有产业领域的生产者和销售者之间的协作作业。

（3）地理整合。当今商业世界的全球一体化趋势，显示出制定超越国界的发展战略的重要性。工资差别、国外市场的扩大及运输方式的改进，正在打破国家之间的时空障碍，迫使物流活动在全球维度之上。第三方物流通过提供如飞机、贸易中心、仓储系统等物流解决方案以及信息流解决方案自始至终地追踪物质流动情况。国际第三方物流使企业在最短的时间内，以更低的存储成本，运送长距离货物成为可能。

通过以上三方面的有效整合，国际物流在公司实现其战略目标过程中起到重要作用。将国际物流提高到战略层次，大型跨国公司的高层决策者就会承担起解决通常是对立的各种挑战，而且会设计出尊重地方特色的全球化解决方案。物流专家则在动态大规模定制中起到重要作用。

思考与练习

1. 国际物流的特点有哪些？

2. 国际物流业务调研实训及其要求。

分组到有国际物流业务的企业进行调研，并就以下问题写出调查报告，由各组代表运用幻灯片的形式进行交流。

(1) 企业的基本情况。

(2) 一项典型的国际物流业务需要有哪些环节，和哪些部门打交道？

(3) 开展国际物流业务的人员须具备哪些知识、技能和素质？

3. 分析开展国际物流活动需要考虑的地理、经济、政治、文化、法律、技术因素。

4. 结合图 5—1—2 所示的国际物流业务运作流程，分析进口货物一般都经过哪些环节？

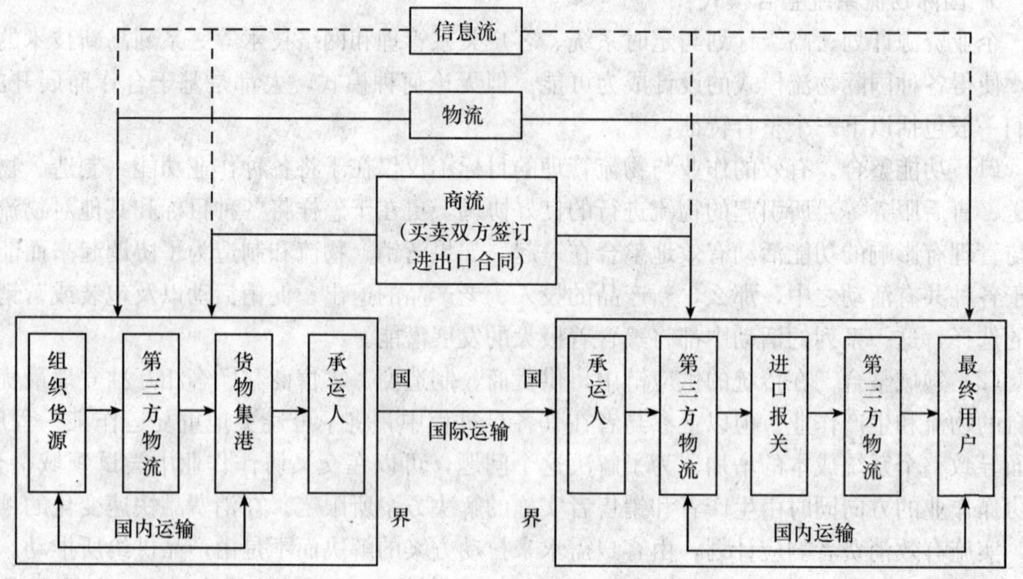

图 5—1—2　国际物流业务运作流程

第二节　国际物流业务管理

一、国际贸易与国际物流的关系

国际贸易是指世界各国之间的商品以及服务和技术交换活动，包括出口和进口两个方面。国际贸易与国际物流的关系表现为：

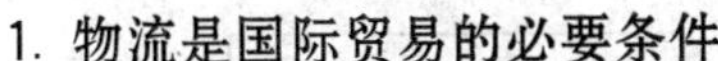

1. 物流是国际贸易的必要条件

在国际贸易中，买卖双方一般相距遥远，因而交易的商品往往要经过长时间、长距离的运输才能从一国境内交付到另一国境内，都要涉及商品的分拣、包装、运输、仓储、分拨、配送等部分或全部物流活动。也就是说，没有国际物流的支持，国际贸易就无法顺利实现。

2. 国际贸易促进物流国际化

国际贸易的发展，要求物流服务商跨越国境，提供全过程、全方位的国际物流服务，以加速国际贸易商品的流转，提高国际贸易作业的效率与效益。

3. 现代国际贸易对物流提出新的要求

国际贸易发展的趋势，从软、硬技术上，物流规模上，物流系统化、标准化和现代化等方面对国际物流提出了崭新的要求。

二、进出口业务

1. 国际贸易术语

在国际货物买卖运输、交接的过程中，需要办理进出口清关手续，安排运输与保险，支付各项税捐和费用。货物在装卸、运输过程中，还可能遭受自然灾害、意外事故和其他各种外来损害。有关上述事项由谁来承办，费用由谁负担，风险如何划分，买卖双方在磋商交易、签订合同时，必须予以明确。为了简化手续和交易过程，并便于双方当事人成交，买卖双方便采用某种专门的用语来表明各自的权利与任务。这种用来表示交易双方所承担的责任、费用与风险的专门用语，称为贸易术语。它们来源于国际贸易惯例，是在国际贸易长期实践的基础上产生的。

2. 进出口业务

进出口业务的基本程序为：

（1）交易磋商。买卖双方就国际货物买卖合同的主要交易条件（包括货物品名、品质、数量、包装、装运、价格以及支付等）进行协商，以求达成一致的具体过程。可以采取口头或书面两种形式，以书面磋商为主。

（2）签订合同。交易双方经过磋商，一方发盘，另一方表示接受，合同即告成立。根据国际贸易习惯，买卖双方通常还需要签订书面的正式合同或成立确认书。

（3）进出口合同的履行。进出口合同一经有效达成，就成为约束双方权利和义务的依据，有关当事人必须履行合同规定的义务。只有履行了所订立的合同，才能实现合同双方当事人预期的经济利益。

进出口业务的具体流程如图 5—2—1 所示。

三、商检

1. 商检的含义

国际货物的检验检疫是指在国际贸易活动中，商品检验机构对卖方拟交付货物或已交付货物的品质、规格、数量、重量、包装、卫生、安全等项目所进行的检验、鉴定和管理工作，在国际贸易活动中通常称为商检工作。

在国际物流中，对一个进出口单位来说，商品检验检疫最重要的是取得检验检疫机构出具的各种证书、证明。其主要作用具体表现如下：

（1）作为出入境货物报关验放的重要凭证。

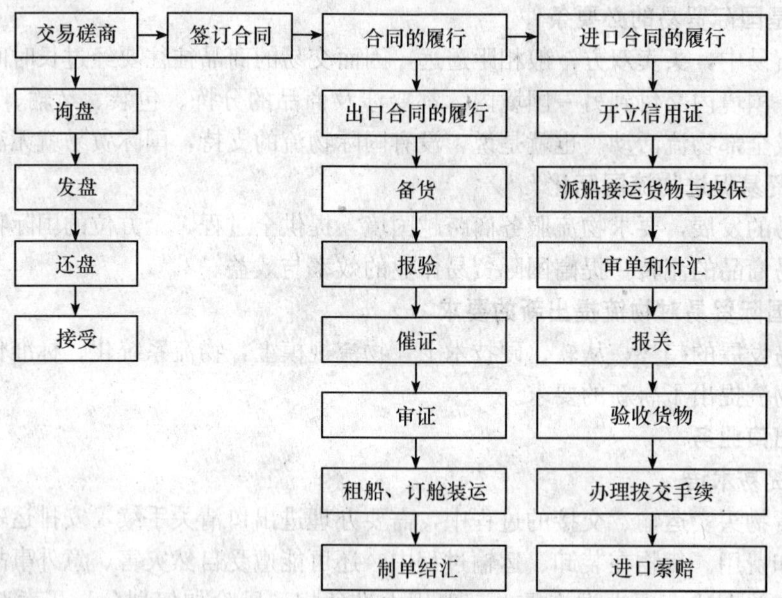

图 5—2—1　进出口业务的具体流程

（2）海关征税的依据。

（3）计算运输、仓储等费用的依据。

（4）办理索赔的重要凭证。

（5）买卖双方结算货款的依据。

（6）明确责任的重要凭证。

（7）经济诉讼、仲裁的重要凭证。

2. 工作流程

（1）接受报验。对外贸易关系人向商检机构报请检验，需填写“报验申请书”，填明申请检验鉴定工作项目要求，同时提交买卖合同、成交小样及其他必要的资料。

（2）抽样。商检机构接受报验后，及时派员赴货物堆存地进行现场检验、鉴定。抽样时，需按照规定的方法和一定比例，在货物的不同部位抽取一定数量的、并能代表整批货物质量的样品（又称标本）供检验之用。

（3）检验。商检机构接受报验后，确定检验标准、方法，然后抽样检查，包括化学分析检验、仪器分析检验、物理性检验、感官检验和微生物检验等。

（4）签发证书。凡被列入《商检机构实施检验的进出口商品种类表》中的进出口商品经商检机构检验合格后，签发放行单，方可进出口。凡由收、用货单位自行验收的进口商品，如发现问题，应及时向商检机构申请复验，复验不合格时，签发商检证书，供对外索赔用。进出口商品经过商检机构检验后，都要由检验机构发给一定的证明书，以证明商品的品质和数量是否符合合同的规定，这种证件称为商检证书。目前在国际贸易中常见的检验证书主要有：检验证明书、品质证明书、重量证明书、卫生证明书、兽医证明书、植物检疫证明书、价值证明书、产地证明书。除上述各种检验证书之外，还有证明其他检验、鉴定工作的“检验证书”，如验舱证书、货载衡量等证书。

四、报关

1. 报关的含义

报关是指出口货物收发货人、进出境运输工具负责人、进出境物品的所有人或者他们的代理人向海关办理货物、物品或运输工具进出境手续及相关海关事务的过程。

2. 报关的范围

按照法律规定，所有进出境运输工具、货物、物品都需要办理报关手续。报关的具体范围如下：

（1）进出境运输工具。主要包括用于载运人员、货物、物品进出境，在国际间运营的各种境内或境外船舶、车辆、航空器和驮畜等。

（2）进出境货物。主要包括一般进口货物，一般出口货物，保税货物，暂准进出口货物，特定减免税进出口货物，过境、转运和通运货物及其他进出境货物。

（3）进出境物品。主要包括进出境的行李物品、邮递物品和其他物品。以进出境人员携带、托运等方式进出境的物品为行李物品；以邮递方式进出境的物品为邮递物品；其他物品主要包括享有外交特权和豁免的外国机构或人员的公务用品或自用物品，以及通过国际速递进出境的部分快件等。

3. 报关工作流程

（1）申报。一切进出境货物、物品和运输工具都必须由收、发货人（或其代理人）在进出境时持海关规定的单证向海关申报。

（2）接受申报。海关接受申报，并审核递交的单证是否齐全、准确、有效、清楚。

（3）查验。进出境货物、物品、运输工具，除经海关总署特准免验的以外，由海关查验确定实际进出口与单证申报的是否相符，检查有无瞒报、伪报和申报不实等走私违规行为。

（4）征税。进出境货物、物品、运输工具经海关查验以后，除海关特准免税的以外，进出口货物、物品必须缴纳税款或提供担保，委托银行代缴。

（5）放行。海关在放行前，要全面审核手续是否办完、办妥。然后，区分不同情况，作出不同处理。一切手续完备，情况正常，海关即在单证上签印放行。

（6）后续管理。海关对各类货物包括保税货物、特定减免税货物、暂时进出境货物、转关运输货物等自放行之日起3年内进行后续管理，包括查账、稽查、核销、查处补税等。

（7）结关。当进出境运输工具、货物、物品的所有海关手续（包括登记备案、审核报关单证、查验、征税、销案、结案等）全部履行后，方准办理结关手续，解除海关监管。

五、保险

1. 保险的含义

保险是一种经济补偿制度，从法律角度看，它是一种补偿性契约行为，即被保险人向保险人提供一定的对价（保险费），保险人则对被保险人将来可能遭受的承保范围内的损失负赔偿责任。

2. 保险的种类

（1）海上货物运输保险。海上货物运输承保范围包括海上风险、海上损失与费用以及海上风险以外的其他外来原因所造成的风险与损失。

1）海上风险。包括海上发生的自然灾害和意外事故，但并不包括海上的一切危险。自然灾害是指不以人们意志为转移的自然力量所引起的灾害。但在海上保险业务中，它并不是泛指一切由于自然力量所造成的灾害，而是仅指恶劣气候、雷电、海啸、地震或火山爆发等人力不可抗拒的灾害。意外事故是指由于偶然的非意料中的原因所造成的事故。在海上保险业务中，意外事故仅指运输工具遭受搁浅、触礁、沉没、船舶与流冰或其他物体碰撞以及失踪、失火、爆炸等。

2）海上损失与费用。海上损失和费用是指被保险货物在海洋运输中，因遭受海上风险而引起的损失与费用。按照海运保险业务的一般习惯，海上损失与费用还包括与海运相连接的陆上或内河运输中所发生的损失与费用。其中，海上损失可分为全部损失和部分损失。海上费用是指保险人即保险公司承保的费用。保险货物遭遇保险责任范围内的事故，除了能使货物本身受到损毁导致经济损失外，还会产生费用方面的损失。这种费用，保险人也给予赔偿，主要有施救费用和救助费用。

3）外来风险。外来风险一般是指海上风险以外的其他外来原因所造成的风险。可分为一般外来风险和特殊外来风险。一般外来风险是指被保险货物在运输途中由于偷窃、短量、雨淋、玷污、渗漏、破碎、受热受潮、串味等外来原因所造成的风险。特殊外来风险是指由于军事、政治、国家政策法令以及行政措施等特殊外来原因造成的风险与损失。如战争、罢工等。

（2）陆上运输货物保险。陆上运输货物保险的险别分为陆运险和陆运一切险两种，其承保的责任范围如下：

1）陆运险的责任范围。被保险货物在运输途中遭受暴风、雷电、地震、洪水等自然灾害，或由于陆上运输工具（主要是指火车、汽车）遭受碰撞、倾覆或出轨，如在驳运过程中驳运工具搁浅、触礁、沉没或由于遭受隧道坍塌、压歪或火灾、爆炸等意外事故所造成的全部损失或部分损失。

2）陆运一切险的责任范围。除包括上述陆运险的责任外，保险公司对被保险或在运输途中由于一般外来原因造成的短少、偷窃、渗透、碰损、破碎、钩损、雨淋、生锈、受潮、受热、发霉、串味、玷污等全部或部分损失，也负赔偿责任。

（3）航空运输货物保险。航空运输货物保险分为航空运输险和航空运输一切险两种。航空运输险的承保责任范围与海运水渍险大体相同。航空运输一切险除包括航空运输险的责任外，对被保险货物在运输途中由于一般外来原因所造成的全部或部分损失也负赔偿责任。

（4）邮政包裹保险。邮政包裹保险是承保邮包在运输途中因自然灾害、意外事故和外来原因所造成的损失。邮政保险包括邮包险和邮包一切险两种基本险别。

3. 保险的做法

（1）出口货物保险的做法。按 CIF 和 CIP 条件成交的出口货物，由卖方向当地保险公司办理投保手续。在办理时应根据出口合同或信用证规定，在备妥货物，并确定装运日期和运输工具后，按规定格式逐笔填写保险单，具体列明被保险人名称、保险货物项目、数量、包装及标志、保险金额、起止地点、运输工具名称、起止日期和投保险别，送保险公司投保，缴纳保险费，并向保险公司领取保险单证。

（2）进口货物保险的做法。按 FOB、CFR 和 CPT 条件成交的进口货物，均由买方办理保险。为了简化保险手续和防止出现漏保或来不及办理保险等情况，我国进口货物一般采取预约保险的做法。各外贸公司同中国人民保险公司签订有海运、空运、邮运、陆运等不同运输方式的进口预约保险合同。按照预约保险合同的规定，各外贸公司对每批进口货物，无需填制投保单，而仅以国外的装运通知代替投保单，当做办理了投保手续，保险公司则对该批货物负自动承保责任。

4. 保险单证

保险单证是保险公司和投保人之间订立的保险合同，也是保险公司出具的承保证明，是被保险人凭以向保险公司索赔和保险公司进行理赔的依据。在国际贸易中，保险单证是可以转让的。常用保险单证有：

（1）保险单，又称大保单。它是一种正规的保险合同，除载明上述投保单上所属各项内容外，还列有保险公司的责任范围以及保险公司和被保险人双方各自的权利、义务等方面的详细条款。

（2）保险凭证，又称小保单。它是一种简化的保险合同，除其背面没有列入详细保险条款外，其余内容与保险单相同，保险凭证也具有同保险单一样的法律效力。

六、国际货运代理

1. 国际货运代理的含义

国际货运代理是介于货主与承运人之间的中间人，是接受货主或承运人委托，在授权范围内办理国际货物运输业务的企业。

“货运代理”具有两种含义：一是指货运代理人；二是指货运代理行业。

国际货物运输代理人本质上属于货物运输关系的代理人，是联系发货人、收货人和承运人的货物运输中介人。有时代表发货人选择运输路线、运输方式、承运人，向承运人订舱，缮制贸易、运输单据，安排货物的短途运输、仓储、称重、检尺，办理货物的保险、报检、报验和通关手续，向承运人、仓储保管人及有关当局支付有关费用。有时代表收货人接收、检查运输单据，办理货物的报检、报验和通关手续，提取货物，安排仓储和短途运输，支付运费及其他相关费用，协助收货人向责任方索赔。有时代表承运人揽货、配载、装箱、拼箱、拆箱，签发运输单据。虽然国际货物运输代理人有时也以独立经营人身份从事货物的仓储、短途运输，甚至以缔约承运人身份出具运单、提单，但这只不过是为了适应市场竞争需要，满足某些客户的特殊需求而拓展了服务范围的结果，并不影响其作为运输代理人的本质特征。

国际货物运输代理行业是随着国际经济贸易的发展，国际运输方式的变革，信息科学技术的进步发展起来的一个相对年轻的行业，在社会产业结构中属于第三产业，性质上属于服务行业。

国际货运代理企业通晓国际贸易环节，精通各种运输业务，熟悉有关法律、法规，业务关系广泛，信息来源准确、及时，与各种承运人、仓储经营人、保险人、港口、机场、车站、堆场、银行等相关企业，海关、商检、卫检、动植检、进出口管制等有关政府部门存在着密切的业务关系，不论对于进出口货物的收、发货人，还是对于承运人和港口、机场、车站、仓库经营人都有重要的桥梁和纽带作用。不仅可以促进国际贸易和国际运输事业发展，而且可以为国家创造外汇来源，对于本国国民经济发展和世界经济的全球化都有重要的推动作用。

2. 国际货运代理人在国际物流中代理的内容

国际货运代理人的工作内容完全属于商业或贸易行为，国际货运代理人为货主服务，并从货主那里获得劳动报酬。国际货运代理人的业务范围有大有小，大的兼办多项业务；小的则专办一项或两项业务。国际货运代理人的代理内容主要有：

（1）代理租船订舱。

（2）代理货物报关。

（3）代理转运及理货。

（4）代理储存。包括货物保管、整理、包装以及保险等业务。

（5）代理集装箱。包括装箱、拆箱、转运、分拨以及集装箱租赁和维修等业务。

（6）代理多式联运业务。即多式联运经营人或称无船承运人，是与货主签订多式联运合同的当事人。不管一票货物运输要经过多少种运输方式，要转运多少次，多式联运代理必须对全程运输（包括转运）负总的责任。

七、理货

1. 理货的概念

理货是指在货物储存、装卸过程中，对货物的分票、计数、清理残损、签证和交接等工作。

2. 理货工作的内容

（1）理货单证。理货单证是指理货机构在理货业务中使用和出具的单证。理货单证是反映船舶载运货物在港口交接当时的数量和状态的实际情况的原始记录，因此，它具有凭证和证据的性质。理货机构一般是公证性或证明性的机构，理货人员编制的理货单证，其凭据或证据就具有法律效力。理货单证的作用主要有：

1）承运人与托运人或提单持有人之间办理货物数字和外表状态交接的证明。

2）承运人、托运人、提单持有人以及港方、保险人之间处理货物索赔案件的凭证。

3）处理海事案件的主要资料，主要是起货物积载图的作用。

4）港口安排作业，收货人安排提货的主要依据。主要是起货物实际积载图和分舱单的作用。

5）船舶在航行途中，保管照料货物的主要依据。

6）买卖双方履行合同情况的主要凭证。

7）理货机构处理日常业务往来的主要依据。

理货单证的种类有：理货委托书、计数单、现场记录、日报单、待时记录、货物溢短单、货物残损单、货物积载图（是出口货物实际装舱部位的示意图）。还有分港卸货单、货物分舱单、复查单、更正单、分标志单、查询单，以及货物丈量单或证明书等单证。

（2）分票、理数和溢短货物。分票是理货员的一项基本工作。分票就是依据出口装货单或进口舱单分清货物的主标志或归属，分清混票和隔票不清货物的归属。分票是理货工作的起点，理货员在理数之前，首先要按出口装货单或进口舱单分清货物的主标志，以明确货物的归属，然后才能根据理货数字，确定货物是否有溢短、残损，进行处理。分票也是提高货物运输质量的重要保障。卸船时，如理货人员发现舱内货物混票或隔票不清应及时通知船方人员验看，并编制现场记录取得船方签认，然后指导装卸工组按票分批装卸。理数也是理货员的一项最基本的工作，是理货工作的核心内容，也是鉴定理货质量的主要尺度。理数就是在船舶装卸货物过程中，记录起吊货物的钩数，点清钩内货物细数，计算装卸货物的数字，称为理数，亦称计数。溢短货物是指船舶承运的货物，在装运港以装货单数字为准，在卸货港以进口舱单数字为准，当理货数字比装货单或进口舱单数字溢出时，称为溢货；短少时，称为短货。在船舶装卸货物时，装货单和进口舱单是理货的唯一凭证和依据，也是船舶承运货物的凭证和依据。理货结果就是通过和装货单和进口舱单进行对照，来确定货物是否溢出或短少。货物装卸船后，由理货人员根据计数单核对装货单或进口舱单，确定实际装卸货物是否有溢短。

(3) 理残。凡货物包装或外表出现破损、污损、水湿、锈蚀、异常变化等现象，可能危及货物的质量或数量，称为残损。理残是理货人员的一项主要工作。其工作内容主要是对船舶承运货物在装卸时，检查货物包装或外表是否有异常状况。理货人员为了确保出口货物完整无损，进口货物分清原残和工残，在船舶装卸过程中，剔除残损货物，记载原残货物的积载部位，残损情况和数字的工作称为理残，亦称分残。

(4) 绘制实际货物积载图。装船前，理货机构从船方或其代理人取得配载图，理货人员根据配载图来指导和监督工人装舱积载。但是，由于各种原因，在装船过程中经常会发生调整和变更配载。理货人员必须参与配载图的调整和变更事宜，在装船结束时，理货人员还要绘制实际装船位置的示意图，即实际货物积载图。

(5) 签证和批注。理货机构为船方办理货物交接手续，一般要取得船方签认。同时，承运人也有义务对托运人和收货人履行货物收受和交付的签证责任。在理货或货运单证上书写对货物数字或状态的意见，称为批注。批注的目的和作用主要有：一是为了说明货物的数字和状态情况；二是为了说明货物的责任关系。

(6) 复查和查询。处理卸港理货数字与舱单记载的货物数字不一致，国际航运习惯做法是船方在理货单上批注“复查”方面的内容，即要求理货机构对理货数字进行重新核查。所以，理货机构采取各种方式对所理货物数字进行核查，以证实其准确性，称为复查。复查的另一个含义，还包括理货机构主动进行的复查，即当理货数字与舱单记载的货物数字差异比较大时，为确保理货数字的准确性，在提请船方签证之前，往往要对所理货物进行复核。复查的方式有重理、复查、查单、查账、调查、询问。查询是指船舶卸货发生溢出或短少，理货机构为查清货物溢短情况，向装港理货机构发出查询文件或电报，请求进行调查，且予以答复；或在船舶装货后，发现理货、装舱、制单有误，或有疑问，理货机构向卸港理货机构发出查询文件或电报，请求卸货时予以注意、澄清，且予以答复；或船公司向理货机构发出查询文件或电报，请求予以澄清货物有关情况，且予以答复。

八、保税仓库

1. 保税制度及其主要类型

(1) 保税制度的含义。保税制度是指经海关批准的境内企业所进口的货物，在海关监督下在境内指定的场所储存、加工、装配，并暂缓缴纳各种进口税费的一种海关监管业务制度。

(2) 保税的主要类型。保税主要包括以下几种类型：

1) 自由港和自由贸易区。自由港是指一国划定的置于关境以外的特别区域，外国商船可以自由进出，全部或绝大多数外国商品可以豁免关税的港口。在非港口性质的内地也有类似于自由港的地区，称为自由贸易区。该类地区的贸易不受关税和进出口的限制，在许多情况下也同样予以全部或部分免除进口税、财产税，以及产品增值税和其他各类税收。

2）保税工厂。保税工厂是指经海关批准，用保税进口的原材料、辅料、零部件、元器件等加工制造出口产品的工厂。保税工厂以出口为目的进口料件，海关予以全部保税，待加工制造成品出口后，按实际耗用的进口料件免征进口关税和进口环节的增值税。

3）保税集团。保税集团的全称是“进料加工保税集团”，它是指经海关批准，由一个具有进出口经营权的企业牵头，组织关区内同行业若干个加工企业，联合对进口料件进行多层次、多工序连续加工，直至最终产品出口并享受全额保税的企业联合体。

4）出口加工区。出口加工区是设在一国划有一定范围的、交通便利的并提供相应设施的区域。在区域内，提供免征关税等一系列优惠政策，以良好的投资环境吸引外商投资。主要发展面向国际市场的外贸出口加工业。

5）保税区。保税区是指国家为鼓励出口，而实行特殊关税政策和管理手段，在一国境内设置的、封闭及综合性的由海关监管的特定区域。保税区的特点是关税豁免、自由进出，属于海关监管区，在区内实行保税制度。

2. 保税货物

（1）保税货物的定义。我国《海关法》定义：“保税货物，是指经海关批准未办理纳税手续进境，在境内储存、加工、装配后复运出境的货物。”根据此定义，具体包括来料加工进口的料件和设备；进料加工进口的料件；补偿贸易进口的设备；寄售维修零配件；供应国际航行船舶的燃料、零配件；外商寄存、暂存的货物；我国贸易商的转口贸易货物；免税品商店进口的商品；保税区内进口的货物，以及其他一些经海关批准进口时暂未办理纳税手续的货物。

（2）保税货物的特征。主要包括以下几个方面：

1）特定目的货物。我国《海关法》将保税货物限定于为两种特定目的而进口的货物：一是为进行贸易活动而储存货物；二是为加工制造活动或加工贸易的货物。

2）暂时免纳关税。保税货物未办理纳税手续进境，属于暂时免纳，而不是免税，待货物最终流向确定后，视货物的出口情况，海关再决定征税或免税。

3）复运出境货物。保税货物没有办理进口纳税手续，必须以原状或成品复运出境，这是构成保税货物的重要前提，否则，将按一般货物征收关税。

3. 保税仓库

（1）保税仓库的含义。经海关批准，在海关监管下，专供存放为办理关税手续而入境或过境货物的场所。保税仓库的设立需要专门批准，外国货物的保税期一般最长为两年。在这个时期内，经营者可以找到最适当的销售时机，待销售实现，再办理缴纳关税等通关手续。如果两年之内未能销售完毕，则可运往其他国家或地区，保税仓库所在国不收取关税。

（2）保税仓库允许存放的货物范围。保税仓库允许存放的货物主要有：缓办纳税手续的进口货物、需做进口技术处置的货物、来料加工后复出的货物、不内销而过境转口的货物。

（3）保税仓库的类型。保税仓库主要包括以下几种类型：

1）公共保税仓库。公共保税仓库是具有法人资格的经济实体，一般是由该仓库的经营人按规定程序申请，经海关批准建立的综合性保税仓库。这类保税仓库的经营人一般不经营进出口商品，但仓库可供各类进口商共同存放保税货物，是为国内外保税货物持有者服务的，不论谁的货物，只要符合海关的法令规定，而仓库又有条件储存的，都可以接受储存。

2）专用保税仓库。专用保税仓库是由有外经贸经营权的国际贸易商，经海关批准而建立的自管自用性质的保税仓库，仓库内只储存本企业经营的保税货物，并多设在其所属的区域内，除海关有监管权外，该类保税仓库是根据生产和贸易的需要而设立的，它又受地点限制。这种类型的保税仓库可分为两大类：一是加工贸易备料保税仓库，是专为来料加工、进料加工等加工贸易储备进口原材料的保税仓库；二是寄售、维修、免税商品保税仓库，是为外国产品在我国国内寄售及维修进口机器设备所需零部件和进口外汇免税商品服务的，外国商品进境时存入保税仓库，待销售、维修或供应时，海关按规定予以征税或免税。

3）海关监管仓库。海关监管仓库主要存放已入境而无人提取的货物，或者无证到货、单证不齐、手续不全以及违反海关规定等而海关不予放行，需要暂存海关监管仓库等候海关处理的货物。这种仓库有的由海关自行管理，有的则交由专营仓储企业经营管理，而海关仅行使行政监管职能。

（4）设立保税仓库必须具备的条件。主要包括：有专门储存、对方进出口货物的安全措施；建立健全仓库管理制度和详细的仓库账册；配备经海关培训认可的专职管理人员；保税仓库的经理人须具有法人资格，向海关缴纳税款。具备条件的经营单位向主管海关申请设立保税仓库，对符合条件的，予以批准设立保税仓库，并颁发“保税仓库等级证书”。

思考与练习

1. 分析国际货物保险的重要作用。
2. 到报关行开展调查，分析其主要的工作流程以及报关员的工作职责。

第六章

现代物流外包服务

第一节 第三方物流

一、外包与服务外包

1. 外包的含义

外包，意为“外部寻源”，是授权一家合作伙伴管理自己的部分业务或服务。进一步说，是把非核心的业务及服务交给更专业的公司去做，企业在充分发展自身核心业务的基础上，整合、利用外部最优秀的专业化资源，从而达到降低成本、提高生产效率、增加资金运用效率和增强企业对环境的迅速应变能力的一种经营管理模式。

2. 服务外包

服务外包是指依据服务协议，将某项服务的持续管理或开发责任授权给第三方执行。企业采用这种模式的出发点在于：将有限的资源专注于核心竞争力，以信息技术为依托，利用外部专业服务商的知识劳动力来完成原来由企业内部完成的工作，从而达到降低成本、提高效率、提升企业对市场环境迅速应变能力并优化企业核心竞争力。

3. 服务外包的分类

(1) 按外包内容分类。主要包括以下几种类型：

1) IT 外包。就是客户将全部或部分 IT 工作包给专业性公司完成的服务模式。客户整合利用其外部最优秀的 IT 专业化资源，从而达到降低成本、提高效率、充分发挥自身核心竞争力和增强客户对外环境的应变能力的一种管理模式。

2) 业务流程外包。是随着企业将业务职能，如应收账款科目和采购科目的管理和最优化移交给第三方，由第三方基于预先确定好的一套执行标准和原则来管理这些活动应运而生的。

我国商务部关于服务外包的分类见表 6—1—1。

(2) 按外包地域分类。主要包括以下几种类型：

1) 境内外包。是指外包商与外包供应商来自于同一个国家，外包工作在国内完成。境内外包强调核心业务战略、技术和专门知识、规模经济、价值增值等。

2) 离岸外包。是指外包商与外包供应商来自不同的国家，外包工作跨国完成。离岸外包主要强调成本节省、技术熟练的劳动力的可用性、利用较低的生产成本来抵消较高的交易

表 6—1—1　　商务部关于服务外包的分类

类别	适用范围	
信息技术外包服务	系统操作服务	银行数据、信用卡数据、各类保险数据、保险理赔数据、医疗/体检数据、税务数据、法律数据等数据（包括信息）的处理及整合
	系统应用服务	信息工程及流程设计、管理信息系统服务、远程维护等
	基础技术服务	承接技术研发、软件开发设计、基础技术或基础管理平台整合或管理整合等外包
业务流程外包服务	企业内部管理服务	为客户企业提供企业各类内部管理服务，包括后勤服务、人力资源服务、工资福利服务、会计服务、财务中心、数据中心及其他内部管理服务等
	企业业务运作服务	为客户企业提供技术研发服务、销售及批发服务、产品售后服务（售后电话指导、维修服务）及其他业务流程环节的服务等
	供应链管理服务	为客户企业提供采购、运输、仓库/库存整体方案服务等

成本。由于劳动力成本的差异，外包商通常来自劳动力成本较高的国家，如美国、西欧和日本，外包供应商则来自劳动力成本较低的国家，如印度、菲律宾和中国。

二、物流业务外包

1. 物流业务外包的概念

物流业务外包是指制造企业或销售企业等为集中资源、节省管理费用，增强核心竞争能力，将其物流业务以合同的方式委托给专业的物流公司（第三方物流，简称 TPL）运作。物流业务外包是一种长期的、战略的、相互渗透的、互利互惠的业务委托和合约执行方式。

2. 物流业务外包的原因

物流业务外包是企业业务外包的一种主要形式，也是供应链管理环境下企业物流资源配置的一种新形式，完全不同于传统意义上的外委、外协，其目的是通过合理的资源配置，发展供应链，打造企业的核心竞争力。其动因体现在：

（1）集中精力发展核心业务。企业物流业务外包最主要的目的是强化企业核心竞争力。通过优化资源配置，集中时间、资金与资源发展自身的核心产业。

（2）加快企业重组。物流业务外包后，企业可以加快内部组织结构与流程的重组优化，从而提高管理效率，进而降低外部经营环境变化所带来的系统风险。

（3）降低企业成本。企业选择物流业务外包，是因为第三方物流供应商拥有比本企业更便宜、更有效的服务系统和服务网络。企业通过物流业务外包可以避免在资金、设备上的大额投资。

（4）利用外部资源。如果企业没有能够有效完成物流业务的资源，企业可以选择物流业务外包，从而弥补自身资源和能力的不足，最终加强核心产品的竞争力。

（5）实现信息共享与风险分担。企业通过与第三方物流供应商合作，能够实现信息共享，并共同分担风险从而能够对市场的风云变幻做出敏捷反应。

3. 企业物流外包的形式

（1）物流业务完全外包。物流业务完全外包是最彻底的外包形式。如果企业不具有自营物流的能力，就会采取这种形式。企业具有自营物流能力的情况，则需进行物流系统评价，如评价的结果倾向于外包，企业就会关闭自己的物流系统，将所有的物流业务外包给第三方物流供应商。

（2）物流业务部分外包。企业将物流业务分成两部分：一是可以自营的业务；二是非自营业务。企业将非自营业务或者低效的自营业务外包给第三方物流供应商。

（3）物流系统接管。物流系统接管是企业将物流系统全部卖给或承包给第三方物流供应商，也称为物流社会化。第三方物流供应商接管企业的物流系统并继续聘用原来的员工。

（4）战略联盟。企业与第三方物流供应商或其他企业合资，企业保留物流设施的部分产权，并在物流作业中保持参与。同时，物流合同商提供了部分资本和专业服务，企业也为合资者提供特色服务，达到资源共享的目的。

（5）物流系统剥离。物流系统剥离是指企业将物流部门分离出去，使其成为一个独立的子公司，允许其承担其他企业的物流业务。

（6）物流业务管理外包。物流业务管理外包是指企业拥有物流设施的产权，将管理职能外包出去。

三、第三方物流

1. 第三方物流的概念

国家标准《物流术语》中，将第三方物流定义为“供方与需方以外的物流企业提供物流服务的业务模式。”

第三方物流是由物流业务的供方和需方之外的第三方物流服务提供者在特定的时间段内按照特定的价格向使用者提供的个性化的系列物流服务。这种物流服务是建立在现代电子信息技术基础上的，企业之间是联盟关系。第三方物流中的“第三方”，是相对于“第一方”托运人和“第二方”收货人而言的。它是通过与第一方或第二方，或者与这两方合作，承包提供其专业化的物流服务。第三方物流因为它常常以物流外包合同的形式进行操作，因此，有时又被称为合同物流、物流外包。

2. 第三方物流的产生与发展

（1）第三方物流产生是社会分工的结果。在外包等新型管理理念的影响下，各企业为增强市场竞争力，而将企业的资金、人力、物力投入到其核心业务上去，寻求社会化分工协作带来的效率和效益的最大化。

（2）第三方物流的产生是新型管理理念的要求。进入20世纪90年代后，信息技术特别是计算机技术的高速发展与社会分工的进一步细化，推动着管理技术和思想的迅速更新，由此产生了供应链、虚拟企业等一系列强调外部协调和合作的新型管理理念，既增加了物流活动的复杂性，又对物流活动提出了零库存、准时制、快速反应、有效的顾客反应等更高的要求，使一般企业很难承担此类业务，由此产生了专业化物流服务的需求。

（3）改善物流与强化竞争力相结合意识的萌芽。物流研究与物流实践经历了成本导向、利润导向、竞争力导向等几个阶段。将物流改善与竞争力提高的目标相结合是物流理论与技术成熟的标志。这是第三方物流概念出现的逻辑基础。

（4）物流领域的竞争激化导致综合物流业务的发展。随着经济自由化和贸易全球化的发展，物流领域的政策不断放宽，同时也导致物流企业自身竞争的激化，物流企业不断地拓展服务内涵和外延，从而导致第三方物流的出现。

3. 第三方物流的基本特征

（1）合同导向物流服务。第三方物流有别于传统的外协，外协只限于一项或一系列分散的物流功能，如运输公司提供运输服务、仓储公司提供仓储服务等。第三方物流虽然也包括单项服务，但更多的是提供多功能甚至全方位的物流服务，它注重的是客户物流体系的整体运作效率与效益。企业在选择第三方物流服务时，一般都签订专门的合同，规定服务项目和目标。

（2）个性化物流服务。第三方物流面向一个一个的具体企业承包物流业务，企业不同，物流业务的具体内容也不同。因此，要求第三方物流服务应按客户的业务流程来定制，努力采用“一企一策”的方式为企业提供特殊的、个性化的专属服务，体现个性化的物流服务理念。

（3）第三方物流企业与客户之间建立长期的战略合作伙伴关系。在西方的物流理论中，非常强调企业之间的“相互依赖”关系。也就是说，一个企业的迅速发展光靠自身的资源、力量是远远不够的，必须寻找战略合作伙伴，通过同盟的力量获得竞争优势。而第三方物流企业扮演的就是这种同盟者的角色，与客户形成的是相互依赖的市场共生关系。客户通过信息系统对物流全程进行管理控制，物流服务企业则对客户的长期物流活动负责。

（4）以现代信息技术为基础。在网络经济时代和信息技术高度发展的今天，市场竞争非常激烈，第三方物流企业只有运用现代信息技术及时地与客户交流和协作，才能够赢得客户、赢得市场，才能生存和发展。许多信息技术，如地理信息系统、全球卫星定位系统、电子数据交换技术、条码技术等实现了数据快速准确的传递，使企业之间的及时协调、合作成为可能，并促使 MRP、ERP 等物流计划方法的产生和发展，提高了第三方物流服务水平。

4. 第三方物流企业的类型

（1）按第三方物流企业来源分类。主要有以下几种类型：

1）传统仓储、运输、货代等企业基础上改造转型而来的第三方物流。这些物流企业目前在我国占据较大市场份额，凭借原有的物流业务基础和在市场、经营网络、设施、企业规模等方面的优势，不断拓展和延伸其物流服务，逐步转化为现代物流企业。

2）工商企业原有物流服务职能的剥离。传统工商企业对物流的控制方式是自建的物流系统，所有的物流资源属于企业拥有。随着核心竞争力管理理念的普及，一些企业将物流业务剥离，由原来的子公司逐步独立并社会化。

3）不同企业、部门间物流资源互补式联营。主要有两种方式：一是企业与第三方物流公司联营设立第三方物流公司；二是能够资源互补的不同部门共同出资成立股份有限公司，形成利益共同体，以提高核心竞争力。

4）新创办的第三方物流公司。随着经济的发展新创立的物流公司不断涌现。

（2）按第三方物流企业资本归属分类。主要有以下几种类型：

1）中外合资物流企业。这些企业具有丰富的行业知识和运营经验，有良好的客户关系、先进的系统及来自总部的强有力的财务支持。它们为原有客户进入中国市场提供延伸服务，运用自身的经营理念、经营模式和优质服务吸引中国企业。

2）民营物流企业。我国民营物流企业多产生于 20 世纪 90 年代以后，业务地域、服务、客户相对集中，发展迅速。但是，只拥有有限的固定资产，对市场的扩张缺乏强有力的财务支持。

3）国有物流企业。多数国有物流企业是借助于原有物流资源发展而来的。它们拥有全国性的网络和许多运输、仓储资产及良好的关系网，注重内部文化，但效率较低。

（3）按第三方物流企业的服务功能分类。主要有以下几种类型：

1）运输型物流企业。主要业务活动以为客户提供门到门运输、门到站运输、站到门运输、站到站运输等一体化运输服务，以实现货物运输为主。

2）仓储型物流企业。以从事区域性仓储为主，为客户提供货物储存、保管、中转等仓储服务及配送服务，还可以提供其他增值服务，如流通加工、商品经销等。

3）综合服务型物流企业。从事多种物流服务活动，可以为客户制订整合物流资源的解决方案，提供物流咨询服务，根据客户需求提供物流一体化服务。

（4）按第三方物流企业资源占有情况分类。主要有以下几种类型：

1）资产型第三方物流。这类企业拥有自己的运输、仓储设施设备，为各个行业提供标准的运输或仓储服务。

2）非资产型第三方物流。这类企业是一种物流管理公司，运用自己的物流专业知识和管理系统，专门管理客户的各种物流功能，为客户提供第三方物流服务。它们不拥有自己的运输、仓储设施设备，如有需要可以租赁取得。

5. 第三方物流的管理模式

（1）信息化管理模式。飞速发展的计算机网络，日益开放的全球技术经济市场，使公司不可能再固守一隅以求得生存，这是一个生死攸关的战略转折点。随之而来的全球电子商务的发展把第三方物流推向了技术化、科技化、信息化，第三方物流公司从出世开始即注定了是信息时代的信息化产物。信息化管理在传统公司的成功证实了第三方物流公司对信息化管理推崇的正确性。

（2）系统化管理模式。第三方物流公司的管理需要有一个系统来支持，管理技术与管理手段都要有系统作保证，物流的系统化将是第三方物流公司的“取之不尽”的源泉。良好的物流系统将使物流系统的作用发挥到最好水平，使物流系统的各方面作用大于各个单独的作用的散漫组合。如果物流系统建立得不合理，不仅降低作用合力，还将有可能产生由于相互抵消作用而导致公司走入恶性循环的恶果。

（3）后勤管理模式。物流的目标是管理供应链，即从供应商到最终用户的价值增加的流程。因此，后勤工作的任务是协调供应商、采购代理、市场营销人员、渠道成员和顾客的活动。对第三物流公司来讲，后勤工作成为公司正常运行的有力支持。通过后勤工作的协调活动，第三方物流公司能合理安排代理配送业务活动过程中的各个环节，对于公司协调与厂商、消费者之间以及公司协调自身运作有着不可估量的作用。随着电子商务的发展，顾客的需求不断升级，后勤工作也必须作出相应的调整以获取市场份额。

（4）全过程管理解决方案。全过程控制是物流管理的核心问题。供应商必须全面、准确、动态地把握散布在全球（或全国）各个中转仓库、经销商、零售商以及汽车、火车、飞机、轮船等各种运输环节之中的产品流动状况，并以此为根据随时发出调度指令，制订生产和销售计划，调整市场策略。对于大型商业机构而言，没有全过程的物流管理就根本谈不上建立有效的分销网络和供应配送体系。信息系统是支撑全过程物流管理最重要的基础之一。

6. **第三方物流的选择及其业绩考评**

（1）第三方物流的选择。作为物流服务需求方的企业，在选择第三方物流服务之前，应考虑以下几个方面的问题：使用第三方物流后产品和服务质量是否会更好；是否可以改善现金流和降低库存水平；是否对企业和客户都有利等。第三方物流企业选择步骤一般包括以下方面：组成跨职能的团队；设定目标；确定客户服务需求；制定选择标准；列出候选名单；候选者征询；发出招标书；现场考察；候选者资格评审；利用分析工具选择第三方物流。

（2）第三方物流的业绩评价考评。主要依据以下指标：准时发货率；准时交付率；提货准确率；订货完成率；产品线完成率；库存准确率；缺货损失；每公里成本；货物进库时间；仓储运营成本等。

四、物流外包的决策分析

由于物流对企业的成本影响较大，企业对其物流能力的解决至关重要。物流能力是自身建立还是外包，是企业面临的最重要也是最困难的决策之一。企业在进行物流外包决策时，应重点考虑以下问题：

1. **企业战略**

企业战略是市场竞争中企业生存和发展的总纲领，是企业经营思想、经营方针的集中表现。

在企业的战略决策中，核心竞争力是重要的因素。成功的企业都通过将资源集中在一个或有限的几个能力去超过竞争者，发掘与众不同的竞争优势。并且这些企业都会将其所需要的核心能力建立在行业平均水平以上，围绕其竞争优势，很少将资源投向非核心能力。物流能力无疑是形成企业竞争优势的一个重要基石。企业必须通过物流来实现其业务目标，同时满足企业自身的需求和顾客的需求。

2. **企业规模**

企业规模大小体现了企业的资金实力以及企业生产的复杂程度，对于中小型企业来说，资金的规模小，生产的变动性大无力投入大量的资金进行自有物流设施的建设，而且由于企业内部业务流程重组存在风险，还可能受到企业内部员工的抵制和资源的浪费。因此，可以利用物流能力外包来突破资源“瓶颈”，使企业的发展获得较高的增长速度。

3. **成本**

“如何使总成本最低”是企业在制定物流战略时首先要考虑的问题，也是企业追求的目标之一。当然，这里所要降低的成本并不是物流的功能成本，而是整个企业的运营总成本。企业需要对物流成本的构成有一个全面的了解，并具有对需要展开的功能成本进行分析和动态成本计算的能力。当然，在实际中对有效的物流过程进行总成本计算，还是比较困难的。但是，企业可以对自营的成本与外包后潜在的成本进行分析比较，这是目前一个比较有效的能够证明外包是否对企业有益的方法。

4. **服务质量**

在现今的经营环境中，如果企业愿意承担必需的资源，几乎任何想要的物流服务都能达到。例如，在地理上靠近顾客的位置建立一个专用仓库，可以使一支车队保持随时待运的状态等。这种物流服务在顾客下单后几乎可以即时响应顾客需求，但是代价是高昂的。物流服务在本质上是服务优势和服务成本的一种平衡。企业需要了解物流服务供应商的管理深度和幅度、战略导向，看供应商的服务是否能满足本企业的需求，尤其是供应商的发展战略要与需求企业相匹配或类似。一般来说，供应商的物流服务水准可以从三个方面来衡量：可获得性；作业效率；服务可靠性。

思考与练习

1. 什么是物流外包服务？物流外包服务的形式有哪些？
2. 什么是第三方物流？如何选择第三方物流？

第二节　第四方物流

一、第四方物流的含义

第四方物流的概念是由美国安盛咨询公司在 1998 年率先提出并注册的，它的定义是“物流服务提供者是一个供应链的集成商，它对公司内部和具有互补性的服务提供者所拥有的不同资源、能力和技术进行整合和管理，提供一整套供应链解决方案，称为第四方物流（简称 FPL）”。

第四方物流主要为货主服务，以整合整个供应链的职能为重点。寻找每个领域的行业最佳供货商或是最佳的服务提供商，把这些不同的物流服务整合以形成最优方案。依靠业内最出色的供货商、IT 技术服务提供商、管理咨询顾问、第三方物流服务提供商和其他增值服务提供商，为客户提供最优的供应链解决方案，并对现有资源进行有效整合和重新配置，从而达到从整个供应链的角度提高运作效率、降低运作成本、为客户提供跨功能作业一体化的运作空间的目的。第四方物流不是一个另类的物流组织，同第三方物流一样，是一个物流服务提供商，只不过是作为服务某一个性化、复杂化的物流客户，将相关的物流组织协调整合在一起的核心物流组织或各相关物流活动的集成者。从战略联盟的角度来看，第四方物流服务商，是物流企业战略联盟的组织者和推动者，其目的是通过组织、协作各相关物流服务企业，更好地为顾客提供一流的物流服务。

二、第四方物流的特点

1. 第四方物流提供一整套完善的供应链解决方案

第四方物流集成了管理咨询和第三方物流服务提供者的能力。更重要的是，一个前所未有的、使客户价值最大化的统一的技术方案的设计、实施和运作，只有通过咨询公司、技术公司和物流公司的齐心协力才能够实现。

（1）再造。供应链过程协作和供应链过程的再设计。第四方物流最高层次的方案就是再造。供应链过程中真正的显著改善，要么通过各个环节计划和运作的协调一致来实现，要么通过各个参与方的通力协作来实现。再造过程就是基于传统的供应链管理咨询技巧，使得公司的业务策略和供应链策略协调一致。同时，技术在这一过程中又起到了催化剂的作用，整合和优化了供应链内部和与之交叉的供应链的运作。

（2）变革。通过新技术实现各个供应链职能的加强。变革的努力集中在改善某一具体的供应链职能，包括销售和运作计划、分销管理、采购策略和客户支持等。在这一层次上，供应链管理技术对方案的成败至关重要。领先的技术加上战略思维、流程再造和卓越的组织变革管理，共同组成最佳方案，对供应链活动和流程进行整合和改善。

（3）实施。流程一体化，系统集成和运作交接。一个第四方物流服务提供者帮助客户实施新的业务方案，包括业务流程优化，客户公司和服务提供者之间的系统集成，以及将业务运作转交给第四方物流的项目运作小组。项目实施过程中应该对组织变革多加小心，因为“人”的因素往往是把业务转给第四方物流管理的成败的关键。

（4）执行。承担多个供应链职能和流程的运作。第四方物流开始承接多个供应链职能和流程的运作责任。其工作范围远远超越了传统的第三方物流的运输管理和仓储管理的运作，包括制造、采购、库存管理、供应链信息技术、需求预测、网络管理、客户服务管理和行政管理等。尽管一家公司可以把所有的供应链活动外包给第四方物流，通常的第四方物流只是从事供应链功能和流程的一些关键部分。

2. 第四方物流通过其对整个供应链产生影响的能力来增加价值

第四方物流充分利用了一批服务提供者的能力，包括第三方物流、信息技术供应商，合同物流供应商、呼叫中心、电信增值服务商等，再加上客户的能力和第四方物流自身的能力。总之，第四方物流通过提供一个全方位的供应链解决方案来满足今天的公司所面临的广泛而又复杂的需求。这个方案关注供应链管理的各个方面，既提供持续更新和优化的技术方案，同时又能满足客户的独特需求。

三、成为第四方物流的前提条件

第四方物流的前景非常诱人，但是，成为第四方物流的门槛也非常高。美国和欧洲的经验表明，要想进入第四方物流领域，企业必须在某一个或几个方面具备很强的核心能力，并且有能力通过战略合作伙伴关系很容易地进入其他领域。专家列出了一些成为第四方物流的前提条件：

（1）世界水平的供应链策略制定，业务流程再造，技术集成和人力资源管理能力。

（2）在集成供应链技术和外包能力方面处于领先地位。

（3）在业务流程管理和外包的实施方面有一大批经验丰富的供应链管理专业人员。

（4）能够同时管理多个不同的供应商，具有良好的关系管理组织能力。

（5）全球化的地域覆盖能力和支持能力。

（6）对组织变革问题的深刻理解和管理能力。

四、第四方物流的运作模式

1. 协同运作模式

在这种模式中，第四方物流和第三方物流共同开发市场，第四方物流向第三方物流提供一系列的服务，包括技术、供应链策略、进入市场的能力和项目管理能力等。第四方物流在第三方物流公司内部工作，其思想和策略通过第三方物流来实现，以达到为客户服务的目的。第四方物流和第三方物流一般会采用商业合同的方式或者战略联盟的方式合作。

2. 方案集成商模式

在这种模式中，第四方物流为客户提供运作和管理整个供应链的解决方案。第四方物流对本身和第三方物流的资源、能力和技术进行综合管理，借助第三方物流为客户提供全面的、集成的供应链方案。第三方物流通过第四方物流的方案为客户提供服务，第四方物流作为一个枢纽，可以集成多个服务供应商的能力和客户的能力。

3. 行业创新者模式

在这种模式中，第四方物流为多个行业的客户开发和提供供应链解决方案，以整合整个供应链的职能为重点，第四方物流将第三方物流加以集成，向下游的客户提供解决方案。在这里，第四方物流的责任非常重要，因为它是上游第三方物流的集群和下游客户集群的纽带，行业解决方案会给整个行业带来最大的利益，提高整个行业的效率。

第四方物流无论采取哪一种模式，都突破了单纯发展第三方物流的局限性，能真正地低成本运作，实现最大范围的资源整合。因为第三方物流缺乏跨越整个供应链运作以及真正整合供应链流程所需的战略专业技术。第四方物流可以不受约束地去寻找每个领域的“行业最佳”提供商，把这些不同的物流服务整合，以形成最优方案。第四方物流的成功关键是以“行业最佳”的方案为客户提供服务与技术。第四方物流方案的开发对第三方物流提供商、技术服务提供商和业务流程管理者的能力进行了平衡，通过一个集中的接触点，提供了全面的供应链解决方案。第四方物流将客户的供应链活动和贯穿于这些“行业最佳”的服务商中的支持技术，以及他们自己组织的能力集成到一起。随着联盟与团队关系不断发展壮大，一种新的外包选择开始出现。企业正在向单一的组织外包其整个供应链流程，由它们评估、设计、制定及运作全面的供应链集成方案，这正是第四方物流。因此，第四方物流是我国物流业发展和提升的助力器。

第四方物流的运转方法主要是指由咨询公司提供的物流咨询服务。咨询公司应物流公司的要求为其提供物流系统的分析和诊断，或提供物流系统优化和设计方案等。总之第四方物流公司以其知识，智力，信息和经验为资本，为物流客户提供一整套的物流系统咨询服务。第四方物流公司要从事物流咨询服务就必须具备良好的物流行业背景和相关经验，它并不需要从事具体的物流活动，更不用建设物流基础设施，只是对于整个供应链提供整合方案。

思考与练习

1. 第四方物流公司是否可以没有物流设施，而集合别人如第三方公司的设施资源？
2. 做一个调查，在生活与工作的区域内，有没有第四方物流企业，如果有，哪些是？

第七章

供应链物流管理

第一节　供应链管理基本知识

一、供应链的含义

供应链是围绕核心企业，通过信息流、物流、资金流的控制，从采购原材料开始，制成中间产品以及最终产品，最后由销售网络把产品送到消费者手中，将供应商、制造商、分销商、配送中心、零售商、直到最终用户联成一个整体的功能网络结构模式。

供应链的概念是从扩大的生产概念出发，它将企业的生产活动进行了前伸和后延。例如，日本丰田公司的精益协作方式，就是将供应商的活动视为生产活动的有机组成部分加以控制和协调，这就是向前延伸；后延是指将生产活动延至产品的销售和服务阶段。因此，供应链就是通过计划、获得、存储、分销和服务等活动在顾客和供应商之间形成的一种衔接，从而使企业能满足内外部顾客的需求。企业从原材料采购开始到将其进行加工，直到产品最终送到顾客手中为止的这一过程，都被看成是一个环环相扣的链条，而其中的主要活动被视为链条上的节点。

通常，一条完整的供应链包括供应商（原材料供应商和零配件供应商）、制造商（加工厂或装配厂）、分销商（代理商或批发商）、第三方物流公司（储运公司或配送中心）、零售商（百货商场、超市、专卖店、便利店和杂货店等）以及消费者。任何一个企业都必然处于某条供应链当中。如图 7—1—1 所示。

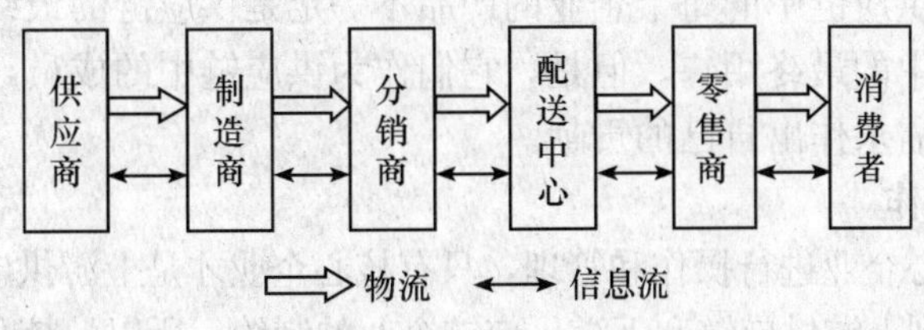

图 7—1—1　供应链流程

一般地，供应链模式可按图 7—1—2 表示：

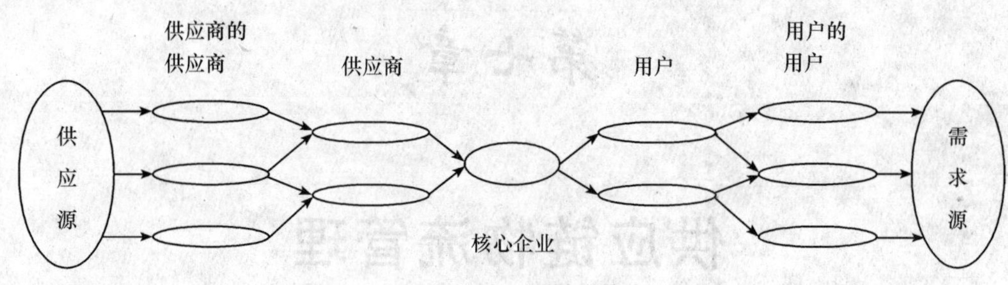

图 7—1—2 供应链模式

二、供应链的特点

1. 以物资产品为核心、以产品运作为主要内容

产品运作主要包括产品的制造支持（原材料、零部件、设备工具的供应）、装配或筹集（产品购进、储存）以及产品分销（销售、配送）等。

2. 由多个单元构成

这里的单元，不仅是指企业，也可以指事业单位、机关、学校等非企业单位，也可以是指企业单位内部的各个部门、车间、班组甚至个人。从根本意义上说，供应链中的单元是指需求链中相互连接的所有的需求源。

3. 多层次结构

包括核心企业、供应商、供应商的供应商、分销商、用户、用户的用户等多个层次。

4. 多功能集成

供应链集成了产品运作的多种功能，包括采购、加工和分销的业务功能，同时包括策划、设计和作业等多种操作功能，也包括包装、装卸、运输、搬运、储存和信息等多种物流功能。

5. 协调配合

供应链是由多个单元结合起来，综合完成多种功能的有机结合体，这就要求供应链各个单元需要进行很好的协调配合。没有协调配合，供应链就不可能很好地运行。供应链的协调配合的特点，主要是指多个企业之间的协调配合，这在通常情况下是不容易实现的。

6. 有特定的目的和宗旨

整个供应链的最终产品以满足最终用户为目的，并使这种满足需求的活动能够做到更低成本、更多、更好。供应链中的每个企业的产品不一定是供应链的最终产品，每个企业的用户也不一定是供应链中的最终用户。但是，它们作为供应链中的成员，都要为供应链的最终产品满足最终用户的需求作出自己的贡献。

7. 由核心企业操作

供应链一般由核心企业进行操作和管理，只有核心企业才是上游供应链和下游供应链的连接点，又直接同时受到上游供应链和下游供应链企业的制约，所以，核心企业既有必要又有可能对上下游企业进行策划、组织和控制，因此，整个供应链应当由核心企业进行操作和管理。

三、供应链管理的含义

一般认为，供应链管理指的是对供应链中的物流、信息流、资金流、价值流以及对工作流进行计划、组织、协调与控制。它是一种从供应商开始，经由制造商、分销商、零售商直到最终客户的全要素全过程的集成化管理模式。其目标是从整体的观点出发，寻求建立供、产、销企业以及客户间的战略合作伙伴关系，最大程度地减少内耗与浪费，实现供应链整体效率的最优化。

四、供应链管理的特点

供应链管理不同于传统的企业管理，它更强调供应链整体的集成与协调，要求各链节企业围绕物流、信息流、资金流以及工作流进行信息共享与经营协调，实现柔性的与稳定的供需关系。其特点是：

1. 供应链管理是一种基于流程的集成化管理模式

传统的管理以职能部门为基础，往往由于职能矛盾、利益目标冲突、信息分散等原因，各职能部门无法完全发挥其潜在效能，因而很难实现整体目标最优。供应链管理则是以流程为基础，物流、信息流、价值流、资金流、工作流贯穿于供应链的全过程。通过业务流程重构，消除各职能部门以及供应链成员企业的自我保护主义，实现供应链组织的集成与优化；通过核心企业管理思想在整个供应链上的扩散和移植，实现管理思想的集成；通过准时制管理、企业资源计划、物流资源计划、快速反应、有效客户反应、全面质量管理等管理技术方法的综合运用，实现供应链管理方法的集成；通过现代信息技术手段的运用与信息共享，实现供应链管理手段的集成；通过资源整体优化配置，有效运用价值链激励机制，寻求非增值活动及相应结构的最小化，实现供应链管理效益的优化与集成。

2. 供应链管理是全过程的战略管理

供应链是由供应商、制造商、分销商、零售商、客户组成的网链结构，链中各环节不是彼此分割的，而是环环相扣的一个有机整体。因此，从总体上考虑，如果只依赖部分环节的信息，则由于信息的局限或失真，就可能导致决策失误、计划失控、管理失效。进一步地，由于供应链上供应、制造、分销等职能目标之间发生冲突只有最高管理层才能充分认识到供应链管理的重要性与整体性，只有运用战略管理思想才能有效实现供应链的管理目标。

3. 供应链管理提出了全新的库存观

传统的库存思想认为，库存是维系生产与销售的必要措施，因而企业与其上下游企业之间在不同的市场环境下只是实现了库存的转移，整个社会库存总量未减少。供应链的形成使链上各个成员建立了战略合作伙伴关系，通过快速反应致力于总体库存的大幅度降低，库存是供应链管理的平衡机制。

4. 供应链管理以最终客户为中心

不管供应链的链节企业有多少类型，也无论供应链是长还是短（层次多少），供应链都是由客户需求驱动的——正是最终客户创造的需求，才使得供应链得以存在。而且，只有客户取得成功，供应链才能延续与发展。因此，供应链管理必须以最终客户为中心，将客户服务、客户满意与客户成功作为管理的出发点，并贯穿供应链管理的全过程。

五、供应链管理的主要领域和内容

1. 供应链管理的四个主要领域

供应链管理主要涉及四个主要领域是供应、生产计划、物流、需求。供应链管理是以同步化、集成化生产计划为指导，以各种技术为支持，尤其以因特网为依托，围绕供应、生产作业、物流（主要指制造过程）、满足需求来实施的。供应链管理主要包括计划、合作、控制从供应商到用户的物料（零部件和成品等）和信息。供应链管理的目标在于提高用户服务水平和降低总的交易成本，并且寻求两个目标之间的平衡。在以上四个领域的基础上，可以将供应链管理细分为职能领域和辅助领域。职能领域主要包括产品工程、产品技术保证、采购、生产控制、库存控制、仓储管理、分销管理等；而辅助领域主要包括客户服务、制造、设计工程、会计核算、人力资源、市场营销等。

2. 供应链管理的主要内容

供应链管理关心的不仅仅是物料实体在供应链中的流动，除了企业内部与企业之间的运输问题和实物分销以外，供应链管理还包括以下主要内容：

（1）战略性供应商和用户合作伙伴关系管理。

（2）供应链产品需求预测和计划。

（3）供应链的设计（全球节点企业、资源、设备等的评价、选择和定位）。

（4）企业内部与企业之间物料供应与需求管理。

（5）基于供应链管理的产品设计与制造管理、生产集成化计划、跟踪和控制。

（6）基于供应链的用户服务和物流（运输、库存、包装等）管理。

（7）企业间资金流管理（汇率、成本等问题）。

（8）基于因特网的供应链交互信息管理等。

3. 供应链管理的实施步骤

供应链管理的实施步骤主要包括：分析市场竞争环境，识别市场机会；分析顾客价值；确定竞争战略；分析本企业的核心竞争力；评估、选择合作伙伴。

思考与练习

1. 简述供应链的含义。
2. 什么是供应链管理？供应链管理的特点有哪些？
3. 供应链管理的内容有哪些？

第二节　供应链物流管理方法

一、供应链物流管理的概念

供应链物流管理是指以供应链核心产品或核心业务为中心的物流管理体系。前者主要是指以核心产品的制造、分销和原材料供应为体系而组织起来的供应链的物流管理，如汽车制造、分销和原材料的供应链的物流管理，就是以汽车产品为中心的物流管理体系。后者主要是指以核心物流业务为体系而组织起来的供应链的物流管理，如第三方物流、或配送、或仓储、或运输供应链的物流管理。

二、供应链物流管理的特点

1. 供应链物流是一种系统物流，而且是一种大系统物流

这个系统涉及各个企业，而且这些企业是不同类型、不同层次的企业，有上游的原材料供应企业，下游的分销企业和核心企业，这些企业既互相区别、又互相联系，共同构成一个供应链系统。这个大系统物流包括企业之间的物流，也包括企业内部的物流，直接和企业生产系统相连。

2. 供应链物流是以核心企业为中心的物流

站在核心企业的立场上、以为核心企业服务的观点来统一组织整个供应链的物流活动，要更紧密地配合核心企业运作，满足核心企业的需要。

3. 供应链物流管理应当在更广泛的范围内进行资源配置

包括充分利用供应链各个企业的各种资源，这样可以实现供应链物流更加优化。

4. 企业之间是一种紧密的合作伙伴关系

供应链的企业之间是一种相互信任、相互支持、共生共荣、利益相关的紧密伙伴关系。可以在组织物流活动时充分利用这种有利条件，组织更有效的物流活动。

5. 信息共享

供应链本身具有信息共享的特点，供应链物流企业之间通常都建立起计算机信息网络，相互之间进行信息传输，实现销售信息、库存信息等的共享。组织物流活动时可以充分利用这个有利条件，在物流信息化、效率化上有较强的支持作用。

三、供应链物流管理的方法

1. 联合库存管理

联合库存管理就是建立起整个供应链以核心企业为中心的库存系统。是一种供应商与客户同时参与，共同制订库存计划，利益共享、风险分担的库存管理策略。具体来说，一是要建立起一个合理分布的库存点体系；二是要建立起一个联合库存控制系统。

传统的库存设置是每个企业都自设仓库，自发库存，不考虑共享的问题，所以，物资要从一个生产过程产出以后，必须经过几个仓库的入出库和储存的处理过程才能够到达另一个生产过程的需求点。而联合库存则是供应商企业取消自己的成品库存，而将自己的成品库存直接设置到核心企业的原材料仓库中，或者直接送到核心企业的生产线。有两种模式：第一种模式是集中库存模式。变各个供应商的分散库存为核心企业的集中库存。各个供应商的货物都直接存入核心企业的原材料库，变各个供应商的分散库存为核心企业的集中库存；第二种模式是无库存模式。核心企业也不设原材料库存，实行无库存生产。供应商的成品库和核心企业的原材料库都取消，供应商与核心企业实行同步生产、同步供货，直接将供应商的产成品送到核心企业的生产线。这就是准时化供货模式。这种准时化供货模式，由于完全取消了库存，所以效率最高、成本最低。但是，对供应商和核心企业的运作标准化、配合程度、协作精神则也要求越高，操作过程也要求越严格。

2. 供应商掌握库存

供应商掌握库存是供应链管理理论出现以后提出来的一种新的库存管理方式，就是供应商掌握核心企业库存的一种库存管理模式。其定义很多，一般表述为："供应商等上游企业基于其下游客户的生产经营和库存信息，对下游客户的库存进行管理与控制。"

传统的库存都是企业自己的库存自己设立、自己掌握。存在以下问题：一是自己要花费一笔库存资金，而且在库存没有消耗以前，就一直占用着，不但给企业造成资金紧张，而且要花费一笔资金使用费用（银行利息）；二是不但占用仓库、增加保管费用，还增加了采购、进货、入库、保管、出库、检验等许多工作环节和工作量，分散了企业的资金和人力、物力，降低了核心竞争能力；三是存在库存风险。自己设立的库存的数量是靠自己的市场未来需求量的预测而确定的，但是，预测难免不准确，再加之市场是随时变化的，因此，常常出现库存过量或过时滞销的情况，造成库存积压和死库存，给企业造成经济损失。

而由供应商掌握库存则能有效解决传统库存的问题，主要表现在：

(1) 供应商是商品的生产者，它掌握核心企业的库存具有很大的主动性和灵活机动性。它可以根据市场需求量的变化，及时调整生产计划和采购计划。库存消耗速率大，就主动地多生产一些；库存消耗速率小了，就少生产一些。所以，既不会造成超量库存积压，又可以灵活响应市场的变化；既不存在占用资金的问题，又不会存在增加费用、造成浪费的问题。

(2) 供应商掌握库存，可以把核心企业从库存陷阱中解放出来。核心企业不需要占用库存资金，不需要增加采购、进货、检验、入库、出库、保管等一系列的工作，使核心企业能够集中更多的资金、人力、物力用于提高核心竞争力，大大提高效益，扩大市场，从而提高整个供应链的活力，给整个供应链、包括供应商企业创造一个更加有利的局面。

(3) 供应商掌握库存，就是掌握市场。核心企业的库存消耗就是市场需求的组成部分，它直接反映了客户的消费水平和消费倾向，这对于供应商改进产品结构和设计、开发销售对路的新产品，对于企业的生产决策和经营决策起着有力的信息支持作用。使它们也能够获得一个更好的发展局面。

实施 VMI 管理，需要有几个前提条件：一是供应商要详细掌握核心企业的销售信息和库存消耗信息，也就是核心企业的销售信息和库存消耗信息要对供应商透明；二是为了使供应商能够及时详细地掌握核心企业的销售信息和库存消耗信息，就要建立起通畅的信息传输网络、建立供应链系统的管理信息系统，实现信息的及时传输和处理；三是建立起供应链系统的协商机制和互惠互利的机制，要加强沟通，及时协商处理出现的各种问题，要本着责任共担、利益共享的精神，建立起企业之间的友好协作关系。可以建立起某种组织的或规章制度的保证系统，订立合作框架协议。

3. 供应链运输管理

供应链运输管理的重点任务有：一是设计规划运输任务；二是找合适的运输承包商；三是运输组织和控制。

供应链运输是一个多点系统的运输，涉及供应商到核心企业、核心企业到分销商以及供应商之间、分销商之间等多个企业、多个品种、多种运输方式、多条运输路线的组织规划等问题。要根据供应链正常运行的节拍，确定各点之间的正常运量，然后统一组织联合运输、配送和准时化供货。通常要建立模型，仔细地优化计算得出运输方案、建立运输蓝图。寻找运输承包商，建立稳定的合作关系。甚至可以把它们纳入供应链系统之中来。运输的方式有长途的输送运输、短途配送运输和准时化供货等形式。长途输送运输是长距离大批量的快速运输；短途配送运输是短距离多用户多品种的循环送货；准时化供货是更短距离的供应点对需求点的连续多频次小批量补充货物。运输组织和控制，就是按照给定的运输方案、运输蓝图对运输承包商的运输活动过程和运输的效果进行组织、管理和控制。

4. 连续补充货物

连续补充货物是指供应点连续地多频次小批量地向需求点补充货物。它基本上是与生产节拍相适应的运输蓝图模式。主要包括配送供货和准时化供货方式。配送供货一般用汽车将供应商下了线的产品按核心企业所需要的批量进行频次批量送货。准时化供货一般用汽车、叉车或传输线进行更短距离、更高频次的小批量多频次供货（按生产线的节拍，一个小时一次、两次），或者用传输线进行连续同步供应。

5. **分销资源计划**

分销资源计划主要是指供应商对分销网点或客户的有计划地组织供应送货。其目的是使企业具有对订单和供货快速反应和持续补充库存的能力。

6. **准时化技术**

准时化技术包括准时化生产、准时化运输、准时化采购、准时化供货等一整套技术。这些在供应链中基本上可以全部用上。它们的原理都一样，就是四个“合适”：在合适的时间、将合适的货物、按合适的数量、送到合适的地点。

7. **快速有效的响应系统**

快速响应是指在供应链中，为了实现共同的目标，零售商和制造商建立战略伙伴关系，利用EDI等信息技术，进行销售时点的信息交换以及订货补充等其他经营信息的交换。用多频度小数量配送方式连续补充商品，以实现缩短交货周期减少库存，提高客户服务水平和企业竞争力的供应链管理办法。

8. **有效客户反应**

有效客户反应，简称ECR，是以满足客户要求，最大限度降低物流过程费用为原则，能及时做出迅速、准确反应，使提供的物品供应或服务流程最佳化而组成的协作系统。

ECR的最终目标是建立一个具有高效反应能力和以客户需求为基础的系统，使零售商及供应商以业务伙伴方式合作，提高整个供应链的效率，而不是单个环节的效率，从而大大降低整个系统的成本、库存和物资储备，同时为客户提供更好的服务。

要实施“有效客户反应”这一战略思想，首先，应联合整个供链所涉及的供应商、分销商以及零售商，改善供应链中的业务流程，使其最合理有效；然后，再以较低的成本，使这些业务流程自动化，以进一步降低供应链的成本和时间。具体地说，实施ECR需要将条形码、扫描技术、POS系统和EDI集成起来，在供应链（由生产线直至付款柜台）之间建立一个无纸系统，以确保产品能不间断地由供应商流向最终客户，同时，信息流能够在开放的供应链中循环流动。这样，才能满足客户对产品和信息的需求，即给客户提供最优质的产品和适时准确的信息。

“有效客户反应”是一种运用于工商业的策略，供应商和零售商通过共同合作（如建立供应商/分销商/零售商联盟），改善其在货物补充过程中的全球性效率，而不是以单方面不协调的行动来提高生产力，这样能节省由生产到最后销售的贸易周期的成本。

思考与练习

1. 为什么要进行供应链管理？
2. 为什么供应链管理要由核心企业进行管理？
3. 对一个大型超市进行调研，了解它的供应链是怎么构成的？